本当はドスケベな世界の神々

TEAS 事務所 著

「本当の世界」へようこそ。

書籍「本当の世界」シリーズは、神話、伝説、歴史など、
世界の表舞台で華々しく紹介された存在に隠されていた、
おおっぴらに語れないウラ事情をお楽しみいただく書籍シリーズです。

シリーズ第二弾となる本作のテーマは「神々の性生活」。

威厳があり、強い力を持つ超常存在として、
人々のあこがれを集めている神々ですが……
神話の原典をひもといてみると、神話のなかには性のお話がいっぱい。
「君たちセックス以外に興味はないのか」と、
思わず突っ込みたくなるような幻滅エピソードが満載なのです。

こうなったら、みんなが憧れる神々が、
いかに救いようのないドスケベだったのかを暴露してしまいましょう！

神々の下半身事情は千差万別。
美女を見つければすぐにベッドに連れ込むヤリチンがいたかと思えば、
拉致とレイプが日常の一部になっている性犯罪者があらわれ、
獣姦、無機物性愛、多重近親相姦といった特殊性癖まで飛び出します。

神話の世界の性モラルは、いったいどうなっているのか!?
神々の "もう手遅れな" 性事情を、たっぷりとのぞき見ていってください。

凡例と注意点

凡例　　本文内で「　」で囲まれている文字は、資料の名前をあらわします。

ギリシャの神の名前について

古代ギリシャ語の単語を日本語で表記する場合、古代ギリシャ語の発音にしたがって、伸ばす音をすべて長音記号「ー」で表記する表記法と、長音記号をすべて省略する表記法があります。

本書では、非常にわかりにくくなるなどの特別な理由がないかぎり、長音記号を省略するほうの表記法で固有名詞を紹介します。そのため、皆さんが知っているものと違った形で、神名や人名が紹介されることがあります。

日本の神の名前について

本書で紹介する日本の神の名前は、基本的にカタカナで表記します。

また、神の名前のなかでも美称に当たる部分（神、命、接頭語など）は、本文では省略して表記します。

『本当はドスケベな世界の神々』の読み方

『本当はドスケベな世界の神々』の読み方

　本書では、世界の神話から集めた30柱の神々の、性欲にまつわるエピソードを、ひとりの神につき4〜6ページを費やして紹介しています。

　それぞれの神の記事は、3つのブロックに分かれています。ここでは、各ブロックにどのような内容が書かれているのかを説明します。

基本情報

　神々の基本情報、例えば外見、能力、生い立ちなどが紹介されています。まずここで、神のイメージを固めてください。

ドスケベストーリー

　その神が、いかに乱れた性生活を送っていたのかを紹介します。性にまつわる笑い話や失敗談などを楽しんでください。

神々の性癖チャート

　性癖の歪み具合を評価します。
・多情度：性欲の旺盛さ
・強制度：レイプを好む度合い
・変質度：性癖のアブノーマルさ
・自由欄：神ごとの個性を表示

ドスケベの真相

　神々がドスケベな神話を持つことになったウラの理由、神話が語られた地域の性文化など、神話の背景を解説します。

3

本当はドスケベな世界の神々 目次

本の構造について

この本で紹介する神は、3つのタイプに分かれています。
- ・複数の相手と関係を持った「多情な神」
- ・無理矢理相手を犯した「強姦魔の神」
- ・特殊な性行為を行った「異常性癖の神」

タイプごとに章分けをして、
それぞれの神を適切と思われる章にグループ分けしています。

巻末では、人類の誕生以前から脈々と育まれてきた、性交体位の文化と歴史について紹介をしています。

多情な神 — Gods of satyriasis
p7

数多くの相手と関係を持った恋多き経験豊富な神を紹介します。

アレス …………………………	8	クー・フーリン …………………	34
アポロン …………………………	12	ゲブ ………………………………	38
オリオン …………………………	18	インドラ …………………………	42
プリアポス ………………………	22	チャンドラ ………………………	46
ダグザ ……………………………	26	オオクニヌシ ……………………	50
ミディール ………………………	30	東方朔 ……………………………	54

本当はドスケベな世界の神々　目次

強姦魔の神　Rape Gods

p59

様々な手練手管を用いて相手を強姦した神を紹介します。

ゼウス ………………………… 60	エンリル ……………………… 82
ポセイドン ……………………… 66	オオモノヌシ …………………… 86
パン ……………………………… 70	スサノオ ………………………… 90
テセウス ………………………… 74	マウイ …………………………… 94
オーディン ……………………… 78	

異常性癖の神　Gods of abnormal sexuality

p99

近親姦、自己愛、異種間性交など特殊な性癖を持つ神を紹介します。

イクシオン ……………………… 100	エンキ …………………………… 124
ピュグマリオン ………………… 104	セト ……………………………… 128
ナルキッソス …………………… 108	シヴァ …………………………… 134
ロキ ……………………………… 114	ランギ …………………………… 140
フレイ …………………………… 120	

Column

ドスケベ番外王者！
仏教の性神マーラ …………… 58

レイプとはなんだ？
ペニスで女性を支配する！…… 98

変態性癖の呼び名に
多用されるギリシャ神話 ……112

その他

はじめに ………………………… 2	
この本の読み方 ………………… 3	
性交体位の文化と歴史 …… 144	
参考資料一覧 …………………155	
ドスケベな神々の世界地図 …156	
イラストレーター紹介…………158	

姉妹書籍のご紹介

この『本当はドスケベな世界の神々』は、
世界各地の神話から、救いようのないドスケベな神々のエピソードを集め、
読者の皆さんに暴露してしまおうとする書籍シリーズです。

本書で紹介している神々は、基本的に男性の神々ばかりです。
男性の神のなかには、
仕事も忘れて女性のお尻を追いかけるのに夢中だったり、
どうしようもない変態性癖の持ち主だったり、
女性を強引にレイプしてしまったり……
という困った神々が目白押しなのです。

しかし、ドスケベなのは男性の専売特許ではありません。
もちろん女神たちのなかにも、
ドスケベな神話を持つ者がたくさんいます。

書籍「本当の世界」シリーズの第一弾『本当は淫蕩な女神たち』は、
こういった淫らな女神たちの神話ばかりを集めた書籍です。
この『本当はドスケベな世界の神々』と2冊揃えれば、
世界のドスケベな神話のうち、
有名なものはひととおり抑えることができるでしょう。

本書を楽しんでいただけたら、
ぜひ『本当は淫蕩な女神たち』にも
手を伸ばしてみてください。

本当は淫蕩な女神たち

発売元：株式会社ホビージャパン
著者：ＴＥＡＳ事務所
定価：本体1600円＋税

多情な神

Gods of satyriasis

アレス

責任とらずに子種をバラ播く種馬アウトロー

多情な神 / Gods of satyriasis

ギリシャ神話は世界に数多い神話のなかでも、性に奔放な物語が多いことでよく知られている神話である。

もちろんギリシャには「ドスケベ」な神々が数多い。そのトップバッターを飾るのは、アレス。ギリシャの最高神ゼウスを父に持ち、血なまぐさい軍歴と失笑ものの不倫エピソードを持つ軍神である。

その本質、粗にして野 ギリシャ神話の野蛮な軍神

アレスは、ギリシャ神話の軍神である。最高神ゼウスの息子であり、容姿端麗であるが、神々にも人間にも彼を好きな者は少なかった。

軍神、すなわち戦争の神といってもいろいろな性格の者がいるが、アレスは目的や動機には興味がなく、とにかく戦いが好きというやっかいな神である。彼の妹である不和の神エリスと共謀して争いの種をまき、戦争を誘発させて楽しむのだ。

彼はすぐれた戦士に加護を授けるため、戦いのなかで生きる者たちに崇拝されていたが、平和と文化を愛する者には嫌われていた。

◆◆◆◆◆ 神々の性癖チャート&分析 ◆◆◆◆◆

多淫度：7
強制度：2
変質度：2
間男度：7

アレスの性癖については特に記述がないため、いたって普通であったと考えられる。

多くの子供を残していること、代表的な神話が不倫にまつわるものであることから、この2点を高い数値で評価した。

アレス

神々のドスケベストーリー

　アレスという神は、恵まれた容姿を持ちながら、性格が荒っぽく素行が悪いために、神界でも地上でも人気がある神ではなかった。

　しかし古今東西、こういう「危険な匂いのする」男に惹かれる女性はめずらしくない。アレスはそういった女性を、時に惚れられ、時に自分から口説き、十分に楽しんだあとでヤリ捨てにするのだ。

ドスケベエピソード　浮気の女王アフロディーテとの熱い夜！熱愛は一転して冷え冷えに!?

　ギリシャの神話や歴史には、アレスの子孫とされる人物が多数登場する。有名なところでは、女しかいない戦闘部族アマゾネスがアレスの子孫だとされている。このことから、アレスが多数の愛人をつくり、思うがままに種をばらまいていたことは疑う余地がない。

　だが、アレスのお相手として神話に名前が残っている有名人は、ほとんどが名前しか知られていないような女性で、固有の物語を持っている人物は意外と少ない。数少ない大物が、ギリシャ神話の愛と美の女神であり、とんでもない浮気女として世界的に名高いアフロディーテだ。問題は彼女が人妻であり、しかもその結婚相手がアレスの兄だったことにある。

　アフロディーテの夫は、ギリシャ神話の主神ゼウスの息子、鍛冶神ヘパイストスである。だが彼は外見が醜く、片足が不自由なため、妻アフロディーテから嫌われていた。反面、ヘパイストスの弟であるアレスは、性格こそ粗野だが外見はイケメンで、軍神だけあって肉体は頑強。当然ベッドのなかでも凄かったことだろう。

　アフロディーテは夫とのセックスを拒否し、夫が仕事に出れば家にアレスを連れ込んで不倫セックスに没頭したのである。もちろんアレスも足繁くアフロディーテのもとに通い、歯の浮くようなセリフで兄貴の嫁をほめたたえ、兄が触ったこともないところに執拗にマーキングを繰り返した。

　しかし、アレスと浮気妻は愚かだった。アフロディーテの夫ヘパイストスは、彼らの不倫関係に気付いていたのだ。そして、屋敷のベッドに罠を仕掛け、今夜も肉欲をぶつけあおうとしていた妻と間男を、目に見えない網で吊

9

り上げ、晒し者にしたのである。

　このアレスという神、戦争の神として信仰されているだけあって肉体は強靭なのだが、精神のほうはいまいち弱々しい部分がある。ヘパイストスによって晒し者にされ、神々の笑い者となったアレスは、羞恥に耐えかねて山の中に逃げ出してしまったのである。一方で浮気嫁であるアフロディーテは、神々の軽蔑の視線を浴びながらも、自分の領地であるキプロス島に向けて堂々と退出したことと比べると、この不倫カップルの肝の座り具合には歴然とした違いが感じられる。

　さて、こうしてアレスの不倫は破滅に終わったわけだが、彼とアフロディーテの浮気は「何も生まなかった」わけではない。アレスとの度重なる不倫セックスによってアフロディーテは妊娠しており、その子は調和の女神ハルモニアと名乗ることになった。英語の「Harmony」の語源となった女神である。彼女は人間の男性と結婚し、夫はギリシャの主要都市国家のひとつ「テーバイ」の初代国王になったと伝えられている。

　それにしても、そう長くはなかったであろう不倫期間に、しっかりと子種を命中させるあたり、アレスの「種」の強さはなかなかのものといえる。肝は弱いが子種は強い。自分の子孫を残すことが至上命題だった古代において、アレスは現代人が考えるほど「情けない男」ではなかったのかもしれない。

ドスケベエピソード　ひたすら不幸になるアレスの子供たち　ただし肉親の情はあるようで……。

　ギリシャ神話に登場するアレスの子孫は、とにかく不幸な最期をとげることが多い。上で紹介した娘ハルモニアの子供たちはみな不幸な死を迎え、自然の精霊ニンフに産ませた娘アルキッペはレイプの被害に遭い、息子メレアグロスは呪い殺され、息子オイノマオスは裏切りの末に謀殺された。ギリシャ神話の主役たる英雄の前に立ちはだかり、激闘の末に討ち取られた者は数知れない……というか、ギリシャ神話は英雄物語のボス役として屈強な戦士を出すときに、それを軍神アレスの息子だという設定にして、敵役としての「箔(ハク)」をつけようとする傾向が見受けられる。

　ただしひとつだけ弁護しておくと、アレスは望んで子供を不幸にしているわけではないし、むしろ子供たちのことを気にかけている。彼は自分の子供を守るために体を張ることもあるし、なんの罪もなく子供が傷つけられれば報復を行う。アレスは、父親としてはなかなか悪くない神なのである。

アレス

間男アレスは捏造か？
美の女神は「妻」とする神話も

美の女神アフロディーテとの不倫神話は、アレスの神話のなかでも特に有名なエピソードである。だが、ギリシャ神話にはさまざまな異説があり、神々の親子関係や夫婦関係が頻繁に変化する。一説によれば、アレスとアフロディーテは不倫相手ではなく、正式な夫婦だったというのだ！

ドスケベの真相 疑惑の真相は地域間宗教対立か？

ギリシャ神話は、千何百年という長い年月をかけて変化し続けた神話である。そのため神々の血縁関係や夫婦関係は、政治や戦争の結果によってまったく違うものになっている。日本のギリシャ神話研究の第一人者である呉茂一博士によると、ギリシャの諸都市には、アレスとアフロディーテが夫婦の神として信仰されていた証拠が多数残っているという。

また、10ページで紹介したアレスとアフロディーテの娘ハルモニアは、都市国家テーバイの創始者カドモスと結婚したとき、結婚式に神々が臨席するという名誉を受けている。彼女がふたりの不倫によって生まれた不名誉な子供なのであれば、このような厚遇を受けることは不可能だったはずだ。

それではなぜ、もともと夫婦だったアレスとアフロディーテが、例の不倫神話では間男と不倫妻に堕とされることになったのか。はっきりとした証拠はないが、ギリシャの主要都市「アテナイ」の影が背後に見え隠れする。

現在のギリシャの首都でもあるアテナイは、ギリシャ西方の主要都市のひとつで、防衛戦争の守護神である処女神アテナを信仰していた。アテナイの人々は、都市を守ることを至上命題とし、野蛮な侵略戦争を嫌っていたという。

一方でアレスは、ギリシャ西部のアテナイから見て反対側、東方はトラキア地方を本拠地とする神である。つまり西方ではアテナ、東方はアレスと、軍神どうしのライバル関係が成立していたのだ。

アテナイはギリシャ諸都市のなかでも進んだ文化を持ち、現在に残っているギリシャ神話には、アテナイで書かれたものが多いと考えられている。つまりアテナイ人が女神アテナのライバルであるアレスを攻撃するため、情けないアレスの物語を創作したという可能性が否定できないのだ。

アポロン
イケメンフェイスと最悪の女運

Gods of satyriasis
多情な神

ギリシャ神話の太陽神アポロンは、美術、音楽、医術、哲学などの守護神であり、目を見張るようなイケメンである。

ところがアポロンは、基本的にはモテるのだが、自分が夢中になった相手には手ひどく振られることが多いという珍しい神だ。女運のないイケメン神の、振られエピソードの数々をご紹介しよう。

月桂冠を頭に戴く狩りと予言と太陽の神

アポロンは全能神ゼウスと女神レトの息子であり、月の女神アルテミスとは双子である。なお生まれたのはアルテミスが先（アルテミスは直後に母レトの出産を手伝った）だが、古代ローマには遅れて生まれた方を兄姉とみなす習慣があったため、ローマ以降は兄妹とされることが多い。

外来の神であり、ギリシャに伝わったころは牧畜と予言の守護神だった。また、人間に音楽や哲学などの「文明の光」をもたらす光明神としても信仰された。のちに光明が太陽と混同され、アポロンは太陽神の性質も得ることになった。

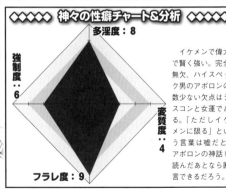

◆◆◆◆◆ 神々の性癖チャート＆分析 ◆◆◆◆◆

多淫度：8
強制度：6
変質度：4
フラレ度：9

イケメンで偉大で賢く強い。完全無欠、ハイスペック男のアポロンの数少ない欠点はシスコンと女運である。「ただしイケメンに限る」という言葉は嘘だと、アポロンの神話を読んだあとなら断言できるだろう。

アポロン

神々のドスケベストーリー

　ギリシャ神話には神々が人間の娘と交わって子供を産んだというものが非常に多い。これは都市国家の住民が、「自分たちは神の子孫である」と主張するために作ったエピソードである。アポロンも例外ではなく、彼と美しい娘との子供が都市の始祖となった物語はいくつかある。

　ただしバッドエンドの恋愛譚が多いのもアポロン神話の特徴である。

ドスケベエピソード　アポロンの恋物語　まずはハッピーエンドから

　紀元前5世紀の詩人ピンダロスの『祝勝歌』には、北アフリカにあった都市キュレネ（現在のリビア東部）の興りが語られている。美しい娘キュレネが勇敢にもひとりで獅子を狩っているところをアポロンが見かけて一目惚れし、半人半馬の賢者ケイローンに恋愛相談した。ケイローンの励ましを受けて、アポロンはキュレネを実り豊かな土地に連れていって、そこを彼女のものとし、めでたく結ばれたという。この物語は、古代にギリシャ人が北アフリカに植民したことを示すと考えられている。

　また2世紀ごろの地理学者パウサニアスの旅行記『ギリシア案内記』では、ギリシャ中部の都市国家カイロネイアの興りについて、「輝く月のような優美な姿のテロという娘がアポロンの腕に抱かれ、馬を乗りこなす力強いカイロンを生んだ」と述べられている。

ドスケベエピソード　美形でも神様でも　フラれるときはフラれる

　1世紀ごろの詩人オウィディウスの著書『変身物語』によれば、あるときアポロンは愛の神エロスをからかった。エロスは腹を立て、アポロンに恋の芽生える金の矢を、河神ペーネイオスの娘ダフネには相手を疎む鉛の矢を放った。

　金の矢の力でダフネに恋したアポロンは彼女に迫るが、ダフネは鉛の矢の力でアポロンを毛嫌いしていたので彼を受け入れようとしない。アポロンは必死でダフネを追いかけ、とうとう追いつくかと思われたが、そこで彼女の祈りを河神である父が聞き届けて、その身を月桂樹へと変化させたのだった。

13

愛を受け入れてもらえなかったアポロンは嘆き、そのあと、月桂樹を自分の
シンボルにしたという。

　別の神話では、アポロンはトロイア王プリアモスの娘カッサンドラを愛し、
彼女に「自分の恋人になるなら予言の力を授ける」と約束した。しかし予言
の力を得たカッサンドラは「アポロンは自分を捨てて去っていく」未来を見
てしまい、アポロンの愛を拒絶する。予言の力だけをタダ取りされたアポロ
ンは怒り、彼女に「予言を誰にも信じてもらえない」という呪いをかけた。

　そのあとトロイアは戦争に巻きこまれ、カッサンドラは何度も重要な予言
をしたが、呪いのせいで誰にも取り合ってもらえず悲惨な最期を遂げた。

　なおトロイア戦争で戦死したプリアモス王の末息子（カッサンドラの兄弟）
トローイロスを、アポロンとトロイア王妃ヘカベーの子だとする作品もある。
この場合、アポロンは母娘の双方に手を出していたことになる。

ドスケベエピソード　いくら神様でも、ヤリ捨てはよくないと思います！

　アポロンは女神やニンフ、人間を問わず多くの美女に手を出したが、結ば
れたらそれっきりというパターンも散見される。

　2世紀ごろの作家アントニヌス・リベラリスの著作『変身物語集』には、
アポロンが蛇に変身して少女を犯した物語が収録されている。

　アポロンは河神スペルケイオスの娘ドリュオペを見かけて、彼女と愛をかわ
すために、まずは亀に変身してドリュオペと友達のニンフたちに近づいた。
少女たちはそんなこととはつゆ知らずに亀で遊び、ドリュオペは亀を懐に入
れてしまう。その瞬間にアポロンは今度は亀から蛇に変身し、そのままドリュ
オペと交わったのだった。

　ドリュオペはこのことを秘密にしたまま人間の男と結婚したが、のちにア
ポロンの子であるアムピッソスを産んだ。息子が立派に成長したころ、ドリュ
オペは彼女に好意を寄せるニンフたちによって森に隠され、その代わりとし
て黒ポプラの木が生えていたという。

　紀元前4世紀ごろの詩人エウリピデスの戯曲『イオン』は、イオニア人（ア
テネなどの都市に居住した人々）の祖とされるイオンを描いた作品である。
この物語で、アポロンはアテナイ王の娘クレウサを手籠めにした。このとき
アポロンがことに及んだのは、よりにもよって、処女神アテナを祀るパルテ
ノン神殿が建つ崖の洞窟であった。そのあとクレウサはアポロンとの子を産

アポロン

んだものの、ひそかに赤子を洞窟に捨ててしまう。

クレウサは長年この秘密に苦しみ、アポロンへの恨みをぶちまける。

「お母さま」とわたくしが叫ぶのもかまわずに、

岩屋の奥へと連れこんで、

神さまの身でありながら、恥じらいもなく、

キュプリスの愛のしぐさをとげられました。

　　　　　　（中略）

あなたのデロス（アポロンの生誕地）も、またレトが

かしこくも、あなたをお生みあそばした

庭の月桂樹の若枝も、

やわらかい毛に包まれた棕櫚の木も、

みんな　あなたをうらみます。

　　　（『ギリシャ悲劇全集3』エウリピデス著・内山敬二郎訳　より引用）

　アポロンのトラウマとも言える月桂樹まで持ち出して彼を呪っている。

　物語はひそかにデルフォイのアポロン神殿で育てられていた息子イオンと再会して大団円で終わるのだが、とうとう最後までアポロン自身は登場せず、クレウサをどう思っていたのかは語られない。

ドスケベ エピソード　美少年だってイケる！だってオレたちギリシャ人

　アポロンの恋人は女性だけではない。彼は美少年もイケるクチなのだ。

　ある神話では同性愛の三角関係が語られる。アポロンの恋人、美少年ヒュアキントスに西風の神ゼピュロスが横恋慕したのである。ふたりが仲良く円盤投げで遊んでいるのを見て、ゼピュロスは嫉妬に狂った。「あの子が俺のものにならないのなら！」そう心を決めると、アポロンの投げた円盤に風を当てて軌道を変え、ヒュアキントスにぶつけて殺してしまったのである。前掲の『変身物語』などによれば、ヒュアキントスが流した血からはヒヤシンスの花が生じ、花びらにはアポロンの「ああ！」という嘆きが刻まれているという。

　また同じく『変身物語』には、キュパリッソスという美少年との恋も語られている。キュパリッソスは黄金の角を持つ鹿と仲が良かったのだが、ほかの獣と見間違えて、黄金の鹿を投槍で殺してしまった。アポロンがいくら慰めてもキュパリッソスの嘆きはやむことなく、結局、アポロンはキュパリッソスを、悲しみを象徴する木である「糸杉」に変えてやったのだった。

15

古代ギリシャ人はかわいければ男でもOK!

古代ギリシャにおいて、男どうし、あるいは女どうしの同性愛は当たり前のものとして存在し、社会的にも認められていた。ただし社会のルールとしての「正しい美少年の愛し方」の作法というものがあり、そこから逸脱した者は淫乱だとして軽蔑された。

ドスケベの真相　年上受けはダメ!

　古代ギリシャにおける同性愛文化がどこで生まれたのかは諸説あるが、ギリシャ南部に住むドーリス人（スパルタ、クレタなどの都市に居住していた人々）が最初と考えられている。やがて他地域にも広まるにつれて社会的なルールが成立していった。

　まず、「大人の男性が年下の少年を愛し、精神的に教え導くのが望ましい」とされた。同い年の恋人、ないしは年齢と立場が逆転してはいけなかった。稚児（愛される側）となれるのは成人前の少年のみで、髭が生えたあとも稚児をやるのは望ましくなかった。また念者（愛する側）の側も結婚したり、あるいは老齢となったら少年愛を卒業するべきとされた。

　男性が他の男性に対して屈服的な体勢を取り、あまつさえ快楽を感じるような「女々しい」行為は良くないこととされた。また、いかなる開口部（口腔や肛門）での性行為も避けるべきことだった。ゆえに少年愛においては、稚児は直立不動のまま念者に素股させてやるというのが作法だった。

　ただし美術や文芸作品には、たとえば「少年の栄えある尻を讃える詩」のような、肛門性交をほのめかしたものも多い。以下はトロイア戦争で遠征していた、ギリシャの英雄たちをからかった詩の一節である。

　　商売女の一人といるわけもなく
　　奴らは十年のあいだ、千摺に精出した。
　　悲惨な遠征だった。一国を陥した
　　強者どもが、陥した国の城門よりも
　　もっと後門を広くして、帰還していった。
（エウブロスの詩より抜粋）

アポロン

以上のルールを守りつつ、大人の男性は運動場などで気に入る少年を見つけたら、贈り物をしたりそこらの壁に少年の名前を書くなどしてアピールした。

ドスケベの真相 愛する美少年のために戦う

古代ギリシャにはいくつもの都市があり、常に緊迫した関係にあった。成人男子には都市のために戦う義務があり、強い戦士であることはよい市民の条件だった。前述の古代ギリシャの少年愛は、戦闘集団の中で年長者が少年を指導する教育的側面と、生殖的関係の複合とも言える。

同性愛が盛んとされていたギリシャ中部のボイオティア地方。この地方の中核たる都市国家テーバイには、稚児が成人した際には念者が鎧一式をプレゼントする習わしがあった。また、男どうしのカップルのみで編成された精鋭部隊「神聖隊」があった。同じ部隊に自分の恋人がいれば、相手に格好いいところを見せようと勇敢に戦い、また恋人を守るために必死に戦うだろうという目論見である。目論見どおり精鋭として鳴らした神聖隊だったが、結成40年後の紀元前338年、征服者アレクサンダー大王父子率いるマケドニア軍と激突した「カイロネイアの戦い」で壊滅し、以降編成されることはなかった。

また物語中で恋人どうしと描写されていなくとも、深い絆で結ばれた男性を後世の読者が恋人と考えた例はいくつか存在する。ギリシャ神話の英雄アキレウスとその友人のパトロクロス（アキレウスはパトロクロスの仇を討ったあとに戦死）、英雄ヘラクレスと戦友イオラオスなどが有名である。

ドスケベの真相 女どうしの恋愛は？

古代ギリシャでは女性はあまり人前に出なかったため、たとえ美しい少女がいたとしてもさほど話題にならなかった。一方で、男児は共同体の中で育てられるため、優れた少年がいればすぐに評判になる。美少年が持て囃されたのは、そうした男女交流の乏しさも一因だと考えられている。

では女性どうしの同性愛はなかったのかというと、男性どうしよりも資料は限られるが、そう解釈されているものは存在する。

紀元前6世紀ごろ、エーゲ海北部のレスボス島出身のサッフォーという女流詩人が活躍した。サッフォーはレスボス島に良家の娘を集めた学校を作り、若い娘への情熱的な詩を残した。このため後世のギリシャ人はサッフォーが同性愛者だったと考えた。なお、このレスボス島は女性同性愛者を指す単語「レズビアン」の語源でもある。

オリオン
ふたりの女神を手玉に取ったプレイボーイ

ギリシャ神話の世界において、神は偉大で神聖なものである。人間が神のことをあなどったり、うぬぼれた発言をすると、それだけで神々はその人間に苛烈な罰を下す。人間は決して、神を軽んじてはいけないのだ。

そんなギリシャ神話の世界に、恐れを知らぬ男がひとり。狩人オリオンは、女神を二股にかけた、恐れ知らずのプレイボーイだ。

古代ギリシャの野山を駆けたイケメンにして有能な狩人

オリオンは、ギリシャ神話に登場する半神半人の英雄である。彼は優秀な狩人であり、地上にいるどんな獣でも狩ってみせると豪語していた。もちろん狩人らしく肉体はたくましく、顔のほうもハンサムであり、女性からは大変な人気があったといわれている。

父親はギリシャ神話の三大神である海神ポセイドン。母親はミノタウロス伝説で有名なクレタ王国の王女エウリュアレ。父親から神の力を授かっており、海でも川でも、陸の上と同じように歩くことができたといわれている。

◆◆◆◆◆ 神々の性癖チャート&分析 ◆◆◆◆◆

多淫度：6
強制度：6
変質度：2
二股度：8

オリオンは、人間の身でありながら、ふたりの女神を同時に手玉に取ったプレイボーイである。

彼はレイプの神話を複数持つが、片方は結婚をはぐらかされた末の行為なので、強制度は低く評価した。

オリオン

神々のドスケベストーリー

　オリオンは、暁の女神エオスと、狩猟の処女神アルテミスという、ふたりの女神を夢中にさせたエピソードを持っている。身長が非常に高く、身体能力抜群で、世界最高の美男子だった。現代に例えるならバレーボールやバスケットボールのイケメン選手を連想すればよいだろう。そんな彼の性遍歴と破滅までを紹介していきたいと思う。

ドスケベエピソード　破滅の序曲は突然に　愛する妻が神の怒りに触れ……

　オリオンという狩人は、大変な美男子で女性によくモテたが、その反面、最悪の「女運」の持ち主でもあった。

　狩人であったオリオンの最初の妻は「シデ」という。彼女はずばぬけて優れた容姿と、ずば抜けて高いプライドをあわせ持っていた。そのプライドが彼女の仇となった。シデは、「自分は、最高神ゼウスの正妻である女神ヘラよりも美しい」と公言してしまったのだ。ギリシャ神話において、自分が神よりも優れていると発言することは最大のタブーである。シデは女神ヘラの怒りを買い、シデを死者の国タルタロスへ堕としてしまった。こうしてオリオンは、早くも最初の妻を失ってしまったのである。

ドスケベエピソード　第二の思い人との仲は　彼女の父に拒絶され……

　妻を失ったオリオンは、傷ついた心を癒すべく、自分探しの旅に出た。立ち寄ったキオス島という場所で、オリオンはふたたび自分の心をふるわせる女性と出会う。彼女の名はメロペといった。

　オリオンはさっそく、メロペの父であるオイノピオンに結婚を申し込むが、彼は結婚を認めるための条件を出す。島民の生活をおびやかす猛獣を退治すれば、結婚を認めようというのだ。

　オリオンは狩人としての才能をフルに発揮し、毎晩メロペのもとに、猛獣の毛皮を生のまま運び込んで自分の仕事ぶりをアピールしてみせた。しかし父オイノピオンは「まだ獣が残っているかもしれない」と繰り返し、一向にメロ

19

ぺとの仲を認めようとしない。それもそのはず。オイノピオンはメロペと父娘相姦セックスに興じる仲だったのである。最初から愛する娘を嫁にやる気などなかったのだ。しかも衰える勃起力をおぎなうために媚薬入りの酒まで用意する念の入りよう。勃たないのにそこまでするかとツッコミを入れたくなる。

あるとき、いっこうに結婚を認めようとしないオイノピオンに腹を立てたオリオンは、彼の酒を飲んでやろうと媚薬酒を一気飲みしてしまった。ただでさえ健康で精力旺盛なオリオンに媚薬パワーが追加されたのだから、彼の息子はたちまちすごいことになってしまった。そしてオリオンは息子の言いなりになってメロペの寝室に押し入り、レイプしてしまったのである。

一般的ではないほうの意味で愛する娘を犯されて、オイノピオンは激怒。彼はオリオンの両目をえぐりとり、海辺に投げ捨てたのである。

ドスケベエピソード ダブル女神と二股恋愛！ 当然うまくいくはずがなく……

視力を失って途方に暮れるオリオンは、第三の女に出会う。曙の女神エオスである。ほれっぽい性格である彼女は、視力を失って苦労している絶世の美男子オリオンの姿に一撃でメロメロになってしまい、彼のもとに降りたって、今すぐセックスしましょうと誘ったのである。オリオンの失われた眼球も、彼女の兄である太陽神ヘリオスが癒してくれた。そうすると目の前にいる女神エオスは見惚れるほどの美女ではないか。

オリオンはさっそくエオスに夢中になり、得意な狩猟とエオスとの逢瀬を繰り返す日々を送るようになる。だがエオスはいつでも彼のもとにいるわけではなく、一日の限られた時間しか会うことができない。そのあいだオリオンは気ままに世界を旅し、強い獣を狩って楽しんでいた。そしてオリオンは、もうひとりの女神、処女神アルテミスと出会ってしまう。アルテミスはオリオンの狩りの腕に、オリオンはアルテミスの美しさに夢中になった。

アルテミスは最高神ゼウスに、男に穢されない処女であることを許された特別な女神だ。しかしオリオンは、すでに女神エオスとつきあっているくせに、別の女神にも色目を使うヤリチン野郎。「このままでは愛する妹の貞操が危ない！」と思い詰めたのが、アルテミスの双子兄である太陽神アポロンだった。

アポロンは策を弄し、オリオンが海を泳いで別の島に向かうように仕向けた。そして弓の達人である妹に「あの、遠くで海を渡っている獣を狙ってみよう」と吹き込み、妹自身の手でオリオンを射殺させたのだった。

オリオン

抹殺されるのが当たり前の所業の数々

自分の妹がプレイボーイに狙われているからといって、その男を罠にかけて殺してしまうのは、いくらなんでも過剰反応のようにも思えてしまう。だが、ここまでの神話で語れなかったオリオンの所業を見てみると、アポロンがそう決断するのもやむを得ないと、同情してしまうのも確かだ。

ドスケベの真相 オリオンが女神と交際中に手を出した女たち

オリオンが曙の女神エオスと恋仲になっていた時期のこと。エオスと会えないとき、オリオンが何をしていたかと言えば、まずは狩猟。そして睡眠。そして最後は女あさりである。そう、オリオンは女神の寵愛を受ける立場でありながら、別の女にも手を出していたのである。

そのなかでもっとも有名な女性たちは、現在でも星空で見ることができる。谷村新司の名曲「昴」で有名なプレイアデス星団は、ギリシャ神話では、神話時代に有名だった美人7姉妹「プレイアデスの姉妹」が星空に揚げられたものだということにされている。

このプレイアデスの姉妹たちは、巨人アトラスの娘であり、野山で暮らしていた。それに目を着けたのが、恋人エオスがいないので暇をしているオリオンだった。目の前に手頃な美人がいるので、捕らえてレイプしてやろうというのである。

オリオンがプレイアデス姉妹をあまりにしつこく追いかけるので、最高神ゼウスは彼女たち姉妹を天空に揚げることでオリオンから守ってやった。しかしのちにオリオン自身が天空に揚げられることになったため、結局プレイアデスたちは現在でも、夜空でオリオンから逃げ回っているのだという。

また別の神話では、オリオンはエオスと交際していた時期に、アルテミスまたはアポロンの巫女であるオピスという女性をレイプした疑惑が持たれている。アルテミスは自分の信者たちが強姦された場合かならず報復を行うため、オリオンが射殺されるのも納得がいく。

ともかくどちらの説を採るにしても、オリオンが性欲過多で見境いのないプレイボーイだったことは確実だ。彼の破滅は自業自得だったのである。

プリアポス
神様はアレも大きい

Gods of satyriasis

多情な神

男性とは、大きさを気にする生き物である。トイレでは隣の男性の持ち物をのぞき込み、自分のサイズを知るために「正しい測り方」を調べるものだ。

しかしどんな「持ち物自慢」も、このプリアポスにはかなうまい。なにせ、大きすぎて紐で吊らないと地面に付いてしまうほどの逸物なのだから。

男根をシンボルとする、醜いが重要な豊穣の神

プリアポスは巨大な男根を持つ、豊穣多産、そして実り豊かな庭園を守護する神である。両親は神話ごとに一定しないが、父親はワインの神ディオニュソス、母親は美の神アフロディーテだとされることが多い。

もともとは西アジアのラムプサコス（現在のトルコ北西部）周辺で信仰されていた神だったが、紀元前4世紀、マケドニアのアレクサンドロス大王による東方遠征が行われた後、帰還兵によって持ち込まれ、ギリシャやイタリアにも広く信仰が広まっていったと考えられている。

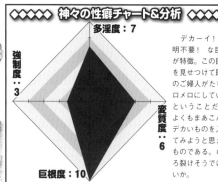

◆◆◆◆◆ 神々の性癖チャート&分析 ◆◆◆◆◆

多淫度：7
強制度：3
変質度：6
巨根度：10

デカーイ！ 説明不要！ な巨根が特徴。この巨根を見せつけて既婚のご婦人がたをメロメロにしていたということだが、よくもまあこんなデカいものを入れてみようと思えたものである。むしろ裂けそうではないか。

プリアポス

神々のドスケベストーリー

男根信仰は世界各地で見られるが、古代ギリシャやローマにおいてはもっぱらプリアポスがその対象となる。プリアポスは巨大な男根を持つ男性の姿で表現される神であり、グロテスクな容姿でありながら人々に人気を誇った。人々は豊穣、庭園の守護、あるいは不妊や性的不能の治癒を願ってプリアポスに祈りを捧げた。

ドスケベエピソード 男根をシンボルとする神様は、祟りもやっぱりそっち方面

プリアポスは巨大な男根を持った『奇形』の子として生まれてきたため、その醜さを恥じた母親（美の女神アフロディーテやニンフなどとされる）に生まれてすぐに見捨てられてしまった。そのためプリアポスはラムプサコスの街で羊飼いに育てられた。

やがて成長したプリアポスは街の女性たちを口説き始めた。彼女たちはプリアポスの巨大な男根を嫌がらなかったのである。だが嫉妬に燃える夫たちが、プリアポスを街から追い出してしまった。

プリアポスはその報いとして街の男たち全員を不能にしてしまった。男たちは慌ててギリシャ最古の神託所ドドナで神託を受け、街にプリアポスの祭壇を作ってラムプサコスの守護神とすることで、ようやく許してもらえたという。

ドスケベエピソード プリアポスのライバルはロバ、恋路もアレの大きさも

プリアポスを祀る祭儀において、生贄として捧げられる動物はロバだった。なぜロバであるのかを語る物語はいくつかある。

プリアポスはロティスというニンフに恋をして、彼女が寝ているところに忍び寄ったが、ちょうどタイミング悪くロバがいないて彼女は目を覚ましてしまう。オウィディウスの著作『変身物語』によれば、プリアポスを恐れて逃げ出したロティスの祈りを神々は聞き入れ、彼女をロトスの木に変えてやったという。恋路を邪魔されたプリアポスはロバが嫌いになってしまい、ロバを犠牲に捧げさせることで溜飲を下げるようになったのだった。また別の物語では、

23

酒神ディオニュソスの飼っているロバと男根の大きさをくらべてみたが、自分の方が小さかったので、ひどい屈辱を感じたせいだとされている。逆恨みか。

　ロバは体格にくらべて巨大な男根を持つ動物であり、古代ギリシャではもっとも性欲の激しい動物と信じられていた。そのため男根をシンボルとするプリアポスとロバを結びつけた神話が作られたのだろう。

ドスケベエピソード　泥棒よけにもアレの彫像がお役立ち

　プリアポスへの信仰がギリシャやイタリアなどに広まるにつれ、彼には葡萄園や庭園の守護神としての役割が与えられるようになった。

　巨大な男根をそなえたプリアポスの像は庭園の守り神であり、害鳥、そして園を羨んで見つめる盗賊を追い払うと信じられていた。像の勃起した男根は、盗賊を「お前の肛門を犯すぞ！」とおどかすための武器だったのである。

　紀元前１世紀ごろのローマの詩人、ウェルギリウスの『牧歌』に、プリアポスの像を作って祈るくだりがある。

一椀の乳とこれらの菓子と──プリアーポスよ、年ごとに、あなたに
供えられるのはこれだけです。あなたは乏しき庭の番人ですから。
いま、わたしたちは間に合わせに、あなたを大理石で作りましたが、
もしたくさんの仔が生まれて群れがふえたら、金の像を作ります。

　　　　　　　　（『牧歌・農耕詩』ウェルギリウス著・河津千代訳　より引用）

　なおプリアポスの像は安い木材や石で作られるのが普通だった。この詩では大理石や金と述べているが、これは通常行われることではない。

ドスケベエピソード　男根のご利益はたくさん、たとえ皇帝に禁止されても

　男性器を崇拝の対象とする陽根崇拝は世界各地に見られる。

　古代ギリシャやローマでは不能の男性や不妊の女性が治癒を願って、男根を象った像をプリアポスに捧げた。またプリアポス像の勃起した男根に触れれば性的能力や生殖に関して治癒効果があると信じられていた。

　ローマにおけるプリアポスへの信仰は、４世紀に皇帝テオドシウス１世（キリスト教を国教化した皇帝）によって廃止された。だがキリスト教が広く信仰されるようになってからも、プリアポスを祀る祭りは長いあいだヨーロッパの各地に残っていた。

プリアポス

衝撃！古代ギリシャでは、巨根はバカ扱いだった!?

古代ギリシャの美術品には裸の男性を描いたものが数多くあるが、どれも陰嚢（いんのう）が堂々たる大きさであるのに対して男根は細く短く、そして包皮が被さった形で表現されている。たとえ勃起した場面であっても変わらない。

当時のギリシャにおいては、このような小さな男根こそが理想だった。

ドスケベの真相 賢い男はアレが小さい

古代ギリシャでは、男根が小さいほうが望ましいとされていた。

当時の知識人は理知的に物事を考察し、人間のあるべき姿を追求する理想主義的な生き方をしようとしていた。性欲に負けない理知的な男根とはすなわち小さな男根であり、言い換えれば、大きな男根の持ち主は野蛮で非文明的だと考えられていたのである。

加えて剥き出しの亀頭も野蛮さの象徴とされていた。男根が小さいことと、包茎であることが理想だった。

紀元前5世紀ごろに活躍した詩人アリストファネスの作品『雲』では、昔ながらの立派な教育を修めることで、肌つやや広い肩などと並んで「大きい尻、小さなペニス」が手に入ると述べられている。

また別の意見として、哲学者アリストテレスは自著『動物発生論』において、精液が遠くまで運ばれると移動中に冷えて生殖力がなくなってしまうので、男根が大きな人間はそうでない人間よりも生殖力で劣ると述べている。

ドスケベの真相 デカい男根は滑稽さの象徴

理想の男性像として小さな男根を描く一方、パン（➡p70）などの醜悪なキャラクターは男根もまた棍棒状に太くて長い「褒められない形」で描かれる。また喜劇では膝あたりまで伸びた男根を模した小道具がよく使われた。これは醜悪さ、あるいは滑稽さを表現するものであったようである。

その際は亀頭も野蛮さを強調して露出した状態で描かれる。なおエジプト人やフェニキア人など割礼を行う他民族を描く場合も、この特徴はきちんと再現されている。

25

ダグザ

イケメンでなくてもヤリチンできる！

ダグザはアイルランドに入植したとされる神の一族、ダーナ神族の主神であり、一族の長老格である。

死と再生を司る強力な神であるが、その力に比して、神話の中では美形とは描かれていない。けれどもモテモテ、さらに浮気もうまく魔法でごまかしてしまう上、関係した女性の力で一族を有利に導くという大変やり手の神である。

大勢の女性とうまくヤる、ダーナ神族のデキる主神

ダグザは生と死そして豊穣を司る神であり、強大な魔術、そしてさまざまなアイテムを持っている。

そのアイテムとは片方の端で9人の敵を粉々にし、反対側で蘇らせる棍棒、尽きることなく酒や食べ物が出てくる大釜、奏でることで四季をあやつり、作物を実らせる竪琴である。

女性にモテモテであり、3人の妻と複数の愛人がいる。ただしケルトの他の神々が優美な姿をしているのに対して、木こりのようなチュニックに馬皮のブーツ、太鼓腹という、醜悪ながらユーモラスな格好で描かれている。

◆◆◆◆◆ 神々の性癖チャート＆分析 ◆◆◆◆◆

多淫度：6
強制度：2
変質度：4
甲斐性度：10

「※ただしイケメンに限る」は古代の世界では死語らしい。モテたければ強くなり、財産をためればいいのだ。ダグザはそういう世界の原則を教えてくれた。ダグザを見習って、立ち上がれモテナイ男子たち！

ダグザ

神々のドスケベストーリー

　ダグザは3人の妻と、2人もしくはそれ以上の愛人がいる。彼女たちとの子供がのちに重要人物となったり、相手の女性に重要な仕事をしてもらったりと、彼の女性遍歴はそのままダーナ神族の利益となっている。

　これだけ女性関係が激しいと嫉妬されそうなものだが、ダグザは浮気相手の連れ合いを得意の魔術でごまかしてしまうなど、デキる女好きでもある。

ドスケベエピソード　すべてはキミと過ごすため、浮気のために時間さえあやつる

　ダグザとは「善き神」という意味の言葉であり、本名はエオカイド・オラヒル（「すべての人の父エオカイド」の意）という。宿敵フォモール族との戦争において使者として非常に大きな役割を果たしたことから、こう呼ばれるようになったという。ダグザは交渉力だけでなくみごとな城を築く才能もあり、さらに魔術にもくわしいなど、あらゆる方面に有能な神である。

　一方、ダグザの外見はパッとしない。ぼさぼさの赤毛でヒゲはもじゃもじゃ。おまけに太鼓腹ときている。とても女の子にモテるような外見には見えないのだが、彼は不思議と女性にモテるのだ。ケルト神話の世界では、外見の美しさよりも強さや財産など「甲斐性」のほうが重視されるのかもしれない。

　ダグザの有名な愛人にボイン川（アイルランド島東部を流れる川）の女神、ボアーンがいる。ダグザはボアーンをとても気に入っていたようで、彼の居館「ブルー・ナ・ボーニャ（ボインの宮殿）」はボイン川の畔、ニュー・グレンジの丘の下に建っている。

　ボアーンはダグザの弟である川の神エルクワーラの妻だった。夫婦仲は悪く、ボアーンは夫エルクワーラを恐れていた。夫さえいなければボアーンが自分になびくと見て取ったダグザは、一計を案じてエルクワーラを遠くの親類の所にやってしまう。あまつさえ「一昼夜で帰ってくる」と言うエルクワーラを足止めするため、その一昼夜が9か月も続くように時の流れを変えてしまったのだ。夫の居ぬあいだにダグザとボアーンは十分に愛を交わし、子供までもうけたのだが、エルクワーラにとってはたった1日のこと。彼は兄とボアーンの浮気にまったく気づくことがなかったという。

27

ドスケベエピソード　セックスすると助けてもらえる？
ダグザのヤリチン珍道中

　ダグザのもうひとりの有名な浮気相手として、戦争の女神モリガンがいる。

　神話によれば、ダグザは川で体を洗っているモリガンに出くわし、お互いにビビビッと視線に電流が走ったのか、その場で青姦セックスをはじめてしまう。彼らが出会ったウニウス川の畔では、このときふたりがベッドに使った岩が「ふたりの寝床」と名付けられているそうだ。モリガンを満足させたダグザは、戦場で力を貸してほしいと彼女に頼み、モリガンもまたそれに応えた。ダグザの敵フォモール族の計画を彼に教えたり、戦場では魔法でダグザを助けてくれたという。これはダグザの逸物が神族を救った好例であろう。

　ピンチに陥ったときに、敵の王女に助けてもらったこともある。

　ダグザはおかゆが大好物だった。これを知った敵フォモール族は、大量のおかゆを作って置いておいた。ダグザはおかゆに飛びつき、満腹になって海岸でそのまま眠ってしまったのだが……寝込みを襲われる寸前、フォモールの王女に起こしてもらったおかげで難を逃れることができたのだった。ダグザがのちにこの王女にお礼セックスをしたことは、いまさら語るまでもなかろう。

ドスケベエピソード　生まれた子供も超有能
神族を代表する神々に

　大勢の女性と関係を持っただけあってダグザにはたくさんの子供がいる。その子供たちも成長してからは、神話で重要な役割を果たす神となった。

　ダグザの正妻は３人おり、それぞれブレグ（偽り）、メング（狡さ）、メイベル（醜さ）という酷い名前である。だが３人の妻とのあいだに設けた３人の娘はいずれも「崇敬される者」を意味するブリギットという名と、それぞれ詩の守護者、病を癒す、鍛冶工の力を与えられ、深く崇敬された。なおダグザと正妻の子供は娘ではなくブリアン、ヨハル、ヨルヴァのという３人の息子であったという説や、エクネという名のひとり息子であったという説もある。

　上述の愛人ボアーンとのあいだにはオィンガス（比類なき力）またはマック・オグ（若い息子）という愛の神をもうけた。のちにこの息子はダグザの居館ブルー・ナ・ボーニャにやって来て、父王にとんちを仕掛けて居館に永遠に居座り、最後には妖精の王となる。その他知恵の神オグマ、地下の神ミディール、戦いの神ボォヴなどがダグザの子として知られている。

ダグザ

後世の人為によって好き勝手にゆがめられた

それぞれの神話体系位における神々の長、主神には、女性と関係を結んだという物語が非常に多い。それはただ単なる女好きというだけではなく、多くの子供をもうけることで集団を形成し、他勢力と関係を結んでみずからや一族を強化するという意味があるのだ。

ドスケベの真相 浮気は自分を磨くため！ より完璧な神を目指して

ケルト神話に登場するダーナ神族の主神、ダグザと関係を結んだ女性の中で、有名なのはボアーンとモリガンである。

ボアーンは川の女神であり、土地に恵みをもたらす大地母神である。ダグザとボアーンが結ばれる物語は、父なる神と大地母神の結合という神話における典型的な結びつきである。

モリガンは亡霊たちの女王であり戦いの女神である。フォモール族とアイルランドの覇権を争っていたダーナ神族のダグザにとっては、彼女の力はまさに必要なものだったに違いない。ダグザは万能の神であったが、それでも外部からアイルランドにやってきたダーナ神族がこの地に根付くことができたのは、モリガンのような協力者がいたおかげだろう。「大物」を狙ってモノにしたあたり、ダグザはやはりただの女好きではないのだ。

このようにダグザはモテる上に頭も切れる男なのに、神話ではもっぱら粗野で太鼓腹という醜悪な姿で描かれる。実は、ダグザもかつては他の神々と同様にフード付きの長い衣を着ていた。彼の特徴のひとつである棍棒は持っていたが、のちに語られるようにそれを車輪にのせて引きずるなどというおかしな姿ではなかった。要はダグザはさまざまに姿を変えることができ、もともとはひと目で女性を惚れさせてしまうような美男子であったのだ。

しかしアイルランドではその姿は好まれなかったようだ。アイルランド人は彼をその有能さをそのままに太っちょでおかしな格好に変えてしまったのである。有能な上に美形では完璧すぎていけ好かなかったのかもしれない。

いくらモテて万能な神とはいえ、人間の好みで愉快な姿にされてしまったダグザは少々気の毒といえる。

ミディール

美女に捨てられ、国も捨てられ

　国王にとって、結婚とは政治的なものである。「どこから迎えた貴い女性とのあいだに次世代の跡継ぎを作るか」が、国家の命運を左右することもすくなくないのだ。

　そして「政略結婚」だからこそ、王は正妻を大事にしなければいけない。もしも王が正妻を無視して別の女に走れば、このミディールのように国を破滅させかねないのだ。

妖精王ではあるけれど… 初代に比べ頼りない2代目

　ミディールはケルト神話に登場する神の一族「ダーナ神族」の一員であり、主神ダグザの息子である。

　ダーナ神族は地下の世界に逃れて以降、妖精の丘にある異界、常若の国の王宮に住んでいた。そこの王となったミディールは妖精王の名に恥じぬさまざまな宝物を持っていたとされる。

　ミディールはすぐれた王とはいえなかった。彼は女性トラブルにより妻を出奔させてしまい、そのせいで妖精界全体を危機に陥れてしまったのだ。

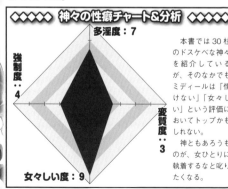

◆◆◆◆◆ 神々の性癖チャート&分析 ◆◆◆◆◆

多淫度：7
強制度：4
変質度：3
女々しい度：9

本書では30柱のドスケベな神々を紹介しているが、そのなかでもミディールは「情けない」「女々しい」という評価においてトップかもしれない。神ともあろうものが、女ひとりに執着するなと叱りたくなる。

ミディール

神々のドスケベストーリー

　ミディールは主神ダグザの息子にして太陽の神とも呼ばれ、海の神マナナン・マク・リールに育てられ、ダグザと愛人ボアーンのあいだに生まれた愛の神オインガスの養父でもある。

　さまざまな魔法の使い手でもあり、決して無能な王ではない。けれども国で一番美しい女性を求めてしまったことが、不幸の始まりだった。

ドスケベエピソード 前妻激怒！脅威の三段変身！ 流浪の旅が今始まる！

　ダーナ神族は一時期アイルランドを治めていたが、やがてミレー族（現在のアイルランド人の先祖とされる人々）との戦いに敗れ、常若の世界に逃れて妖精となった。ダーナ神族の主神ダグザの息子ミディールは、もっぱら妖精王として物語に登場する。

　妖精王ミディールにはフゥーナッハという妻がいたが、ふたりめの妻を迎える事にした。彼がが選んだのは、エーディンという、ダーナ神族の美しい女神だった。エーディンはミディールの宮殿に招かれたのだが、本妻であるフゥーナッハは、エーディンのあまりの美しさに嫉妬し、危機感をおぼえた。夫が美貌の姿に夢中になり、自分を軽んじると考えたのだろう。

　フゥーナッハは実力行使に出ることにした。彼女は魔法のナナカマドの杖でエーディンを打ち、彼女の肉体を「泉」へと変えてしまう。泉となったエーディンは、そのあとなぜか毛虫に変身、毛虫からさらに美しい蝶へと姿を変えてミディールの側を飛びまわった。姿は変わっても、彼女はまだミディールを愛していたのである。しかしフゥーナッハは蝶になった彼女が近づくことも許さず、突風を起こしてエーディンを宮殿から吹き飛ばしてしまった。

　この蝶を見つけた、ミディールの養子にして愛の神オインガスは小屋を作ってエーディンを７年間保護したが、追ってきたフゥーナッハはふたたび風を起こして彼女をさらに吹き飛ばしてしまう。エーディンはまたも７年放浪し、最終的にはアルスター王（現在のアイルランド東部にあった国）の妻が飲んでいたワインの杯に落下して飲み込まれてしまった。かくしてエーディンは王妃の子宮に宿り、この世に生まれてから千年後に人間として生まれ変わる。

31

ドスケベエピソード　愛するあの娘はどこにいる？ ついにたどりついた神の執念

　ミディールは姿を消したエーディンを探し続けた。ようやく見つけた彼女は、すでに人間に転生し、アイルランド王エオホズの妻となっていた。

　ミディールは一緒に妖精の国に帰ろうとエーディンを説得するが、彼を覚えていない彼女は戸惑うばかり。エーディンは困って、夫であるエオホズ王が許可すればミディールに付いていくと条件を出した。

　通常、自分の妻を快く差し出す夫などいるはずもない。そこでミディールは一計を案じ、立派な身なりでエオホズ王に近づいて「負けた方が何でも言うことを聞く」という条件でチェスの試合を申し込んだ。

　しばらくミディールはわざと負け続け、エオホズ王の出す無理難題を魔法で解決していった。土地を開墾したり森を伐採したり橋をかけたり、エオホズ王はすっかり気分を良くしていった。

　機を見てミディールは最後の大勝負に挑む。彼が出した条件とはすなわち、「王妃エーディンを抱きしめて口づけしたい」であった。

　ここで初めてミディールは本気を出してエオホズ王を負かした。己が負けるとは思わず条件を飲んでしまっていたエオホズ王は、あわてて兵を集めてミディールが妻に近づけないようにしたが、そこは妖精王。難なく防備を固めた城に忍び込んで、エーディンともども白鳥に変身して常若の国へと飛び去った。

ドスケベエピソード　私、この人を選びます 敗れ去った妖精王の愛！

　今度はエオホズ王がエーディンを取り戻す番である。祭司（ドルイド）からエーディンの行方を聞くなり、エオホズ王は国中の妖精の丘を潰すという強硬手段に出た。ミディールも急いで丘を修復したが破壊の速度には追いつけない。

　9年後、最後の妖精の丘まで追い詰められたミディールはとうとう根を上げて、エーディンを返すと申し出た。ただし魔法で50人の侍女をエーディンそっくりの姿に変え、その中から本物を見つけ出せたらという条件付きである。

　この先の結末には2つのバージョンがある。ひとつめはエオホズ王が間違えて自分の娘を選んでしまい、近親相姦の罪を犯すというエグいオチである。

　ふたつめはエーディンがみずから名乗り出てエオホズ王の元に帰るというパターンである。彼女はきっぱり妖精王より人間の王を選んだのだ。

ミディール

支配者の黄昏！零落の神々 破れた恋は時代の象徴

ケルト神話において、アイルランド王エオホズは妖精王ミディールから美しい妻エーディンを取り戻す。アイルランド島にはさまざまな神や怪物が訪れたとされるが、最後に島にやってきて定住したのが人間だ。人間の王の勝利の物語は、大いなる時代の変化の象徴でもある。

ドスケベの真相 美女をゲットすることは、新時代の王とイコールだった

ダーナ神族はもともと外からアイルランドにやってきた神々の一族だった。アイルランド島の先住民族フォモール族を打ち負かして島の支配権を手に入れて長いこと君臨していたが、次にやって来たミレー族、ゲール人という人間の一族を避けて地下にある異界、常若の国と呼ばれる場所に移り住んだ。つまり、人間に追いやられて土地から追い出され、神から妖精に落ちぶれてしまったのである。

美女エーディンが最後に妖精王ミディールではなく人間の王エオホズを選んだのは、本当にエオホズ王を愛していたのか、人間に追いやられた妖精を見限ったのか、それとも怒ったエオホズ王に滅ぼされかけていた妖精を助けるためだったのかは定かではない。いずれにせよ、物語はもはやアイルランド島の支配者は人間となったことを示している。

また、ダーナ神族の女神の生まれ変わりであるエーディンとエオホズ王の結婚は、王が土地の女神と結婚することで支配権を確立するという聖なる婚姻の物語でもある。

これは河の神エルクワーラを惑わしてその妻ボアーンと結ばれたかつてのダーナ神族の王、ミディールの父ダグザ（→p26）の物語が立場を変えて繰り返されていることになる。大地の女神であるエーディンの恵みは、支配圏を失って地上から追われた妖精の王ミディールから取り上げられ、現在アイルランド島を支配している人間の王エオホズにもたらされるわけだ。

ゆえにミディールにいくら力があろうと策を重ねようと、彼に「国で一番美しい娘」は振り向かない。なぜなら彼らダーナ神族の時代はすでに過ぎ去ってしまったから。言うなれば時代が悪かったのである。

クー・フーリン
色事多きは勇者の甲斐性

多情な神 / Gods of satyriasis

ケルト神話の登場人物の中でもよく知られた、日本でも知名度の高い半人半神の英雄。彼は必殺必中の槍「ゲイ・ボルグ」を振るう、ケルト神話最強の戦士である。

彼は武勇と美貌を兼ね備えていたため、数多くの女性が恋い焦がれる存在であったという。英雄に色恋沙汰は付き物、クー・フーリンにも数々のエピソードが存在している。

最強の戦士の実力は夜の営みでも活かされた？

初陣にて華々しい戦果を挙げたクー・フーリンは、彼の故郷「アルスター王国」の誰もが知る勇士となった。若く美しく強い彼に、国中の女性が夢中になったと言われている。

初めての戦争から戻ったあと、彼は女性を好むようになった。この点に関してはぼかされている文献が多いのだが、国中の女性が彼に憧れた、という記述を見るに、おそらく数多くの女性と交わったもの、と見てよいだろう。

ただしクー・フーリンが生涯において愛し、結婚した女性はただひとりであった。

◆◆◆◆◆ 神々の性癖チャート&分析 ◆◆◆◆◆

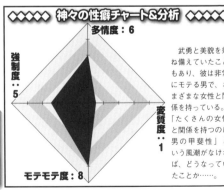

- 多情度：6
- 強制度：5
- 変質度：1
- モテモテ度：8

武勇と美貌を兼ね備えていたこともあり、彼は非常にモテる男で、さまざまな女性と関係を持っている。「たくさんの女性と関係を持つのは男の甲斐性」という風潮がなければ、どうなっていたことか……。

クー・フーリン

神々のドスケベストーリー

「英雄色を好む」という言葉がある。英雄は何事にも精力旺盛であるから女性を好む傾向が強い、ということだ。

　クー・フーリンが生涯において愛した女性はただひとりであるが、結婚したあともさまざまな女性と関係を持ち、時には子供も産ませている。愛がなくても美女を見れば勃起はするし抱けるのが、悲しい男の性である。

ドスケベエピソード　本命の女性を想いながらも 多数の女性と関係を持つ

　初陣にて恐るべき戦果を挙げ、その力を大いに見せ付けたクー・フーリンは、しだいに女性たちを好むようになった。賢く高貴で凛々しく、その上武芸に秀でていたクー・フーリンに、国中の若い娘たちは夢中になり、人妻でさえ彼に憧れたという。おそらくだが、この「女性たちを好むようになった」という記述からは、クー・フーリンが言い寄る女性たちを断ることなく、次々に臥所をともにしていたことが伺えるだろう。

　だがクー・フーリンは、言い寄る女性の誰にも恋心を抱かなかった。迫り来る女性たちを見境なく、とっかえひっかえ交わり続けるうち、彼はついに運命の女性と出会う。それはフォーガルという領主の娘アヴェールで、彼女はケルト女性が持つべきすべての才覚を備える、とても美しい女性であった。

　彼女と結婚する条件として「影の国」での武者修行を提示されたクー・フーリンは、それをみごとに達成する。彼は影の国を治める女武者スカサハからすべての武芸と魔術、そして必殺の槍ゲイ・ボルグを授かったのだ。ちなみにスカサハには「少年に武芸と魔術の他に、性の手ほどきもする」という記述があり、スカサハからは夜の武芸も授かったのかもしれない。

　影の国での修行中、クー・フーリンはオイフェという、師匠スカサハと並ぶ最強の女武者と戦い、これに勝利している。生け捕りにし屈服させたオイフェからの命乞いを受けたクー・フーリンは、彼女に３つの条件を突き付けた。スカサハと和平を結ぶこと、自身と交わり子供を産むこと、その子が７歳になったら自分の国へ送り出すこと。こうして影の国に愛人を作ったあと、クー・フーリンは国へと戻り、愛するアヴェールと結婚するのであった。

ドスケベエピソード　浮気に寛容な奥さんが ただ一度だけ激怒した

クー・フーリンの妻アヴェールは、夫の浮気には非常に寛大で、女遊びをしようが外に子供を作ろうが、それを咎めることはなかった。だが一度だけ浮気に激怒したことがある。それはクー・フーリンが異界に留まり、浮気相手と遊び続けた時のことだ。この物語は複数の文献に『クー・フーリンの病とアヴェールのたった一度の嫉妬』というタイトルで収録されており、その幻想的な内容が近現代の作家から高く評価されている。

ある妖精から「自分たちの敵と1日戦ってくれたら、自身の妻の姉妹、そして美しい妖精ファンと1ヶ月のあいだ、異界にて愉しませよう」と持ちかけられたクー・フーリンはこれに乗り、みごとに敵を討ち果たした。約束通り異界にて蜜月を愉しむクー・フーリン。だが、ことの成り行きを知ったアヴェールは激怒、50人の侍女を引き連れ、ファンに復讐しようと押しかけたのだ。

アヴェールがこの浮気にのみ激怒した理由は不明だが、ともかく怒鳴り込んできた妻の話を聞いたクー・フーリンは、改めて妻と生涯を過ごすと約束する。ふたりの愛を知ったファンはクー・フーリンを諦めると言ったが、これを受けたアヴェールはファンの深い恋慕の情を悟り、自分こそが諦めると、おたがいにクー・フーリンを譲りあう状況となってしまった。

紆余曲折を経て、クー・フーリンとアヴェールは忘れ薬によってすべてを忘れ、ファンは夫婦と二度と会えないよう魔法を掛けられ、物語は終わる。

ドスケベエピソード　絶世の美女に迫られながら 誘いを断ったこともある

美しい女性に目がなく、色事に事欠かない英雄クー・フーリンであったが、美しくても気に喰わない女は抱かない。彼は絶世の美女からの誘惑を何度か断ったことがあるのだ。

ひとりは戦いの女神モリガンである。モリガンは強い男に目がなく、強い戦士を誘っては交わり、その者に加護を与えていた。だが誘った時が国の危機であったため、クー・フーリンはこれを断っている。そのあともふたりが交わることはなく、どうやらモリガンはお気に召さなかったらしい。

もうひとりは敵国の大将であったメイヴだ。メイヴは自身の最高の肉体をエサに母国を裏切るよう誘ったが、クー・フーリンはこれを断った。

クー・フーリン

多くの女を囲うのはケルトの男の甲斐性だった

　クー・フーリンは数多くの女性と関係を持ち、子供を産ませ、それを原因とする悲劇も起こした。現代の基準で考えれば悪い男だが、神話世界の事象を、現代の感覚と照らし合わせること自体がナンセンスである。彼は古代ケルトにおける「甲斐性を持つ男」として描かれているだけなのだ。

ドスケベの真相　古代ケルトの家庭は女性が中心

　彼の浮気性を理解するためには、まず古代ケルトの「家」について知る必要がある。古代ケルトは「母系社会」と呼ばれる、簡単に言うと「女性が強い社会」であった。これにおける家長は母親であり、家族と認識されるのは「母親と血の繋がりのある人物」のみである。父親は結婚していても家族ではない他人として扱われ、夫婦の同居は難しかったらしい。古代ケルト社会において、女性と子供を作った父親は通い婚をするか、少しずつ距離を取りフェードアウトすることが多かったと伝わっている。

　これを踏まえて考えれば、古代ケルトにおいて、多数の女性と関係を持つことは魅力的な男性にしかできない、まさに「男の甲斐性」と言える。強い男性と関係を持ち、産まれた子供を家族に迎えて育てる……時代背景的にも、強い子供を求めるのは当然のことだ。強く美しいクー・フーリンが、たくさんの女性と関係を持ったのは至極当然のことであろう。

　さらに付け加えるならば、ケルト神話内において、家庭を持つ男性の描写は非常に少ない。それこそ国王や領主など、経済力のある男のみだ。クー・フーリンが愛した女性と家庭を持ち、妻が浮気に対して一度だけ激怒したエピソードがあることは先述した通り。これはクー・フーリンの「男の甲斐性」を印象的な物とするために作られた物語、とも考えられるだろう。

チャリオットに乗って戦うクー・フーリン。アメリカの画家、J.C.ライエンデッカー画。

ゲブ
嫁と穴さえあればいい

Gods of satyriasis
多情な神

いつの時代、どの場所でも、夫婦円満が喜ばれないところはない。だが何事であっても、行きすぎてしまえば害になるものである。特に、夫婦がおたがいの存在以外、まったく目に入らないようになってしまえば、おしどり夫婦はただの迷惑カップルになってしまう。なにごとも加減が大事であるということを、エジプト神話の夫婦が教えてくれる。

朝も夜もひたすらセックス
乾く暇もない大地の神

　ゲブは古代エジプトのヘリオポリス（現在のカイロ周辺）で信仰された九柱の神の一員で、大地の神である。両親は大気の神シュウと湿気の女神テフヌト、妻は妹にして天空の女神ヌトである。このヌトとのあいだにシリス、イシス、セト、ネフティスらの神を設けた。

　ヌトとの結婚当初、ふたりはひたすらセックスし続けていたので、父神シュウに力ずくで引き離された。このとき天と地が分かたれたとされる。神々の主とも呼ばれ、天空神ホルスがエジプト全土の王となるよう定めた。

◆◆◆◆◆ 神々の性癖チャート&分析 ◆◆◆◆◆

多淫度：9
強制度：1
変質度：5
中毒度：9

ゲブの行動を現代医学で分析したとすれば、確実に性交中毒と診断されるであろう。朝から晩までつねに嫁のなかに挿入したままというのは常軌を逸している。しまいには嫁恋しさに自分の口でなぐさめるとは……。

ゲブ

神々のドスケベストーリー

エジプト神話では兄と妹が結婚するというシチュエーションが非常に多い。中でも大地の神である兄ゲブと、妹にして天空の女神ヌゥトは、ラブとエッチの度合いが激しい夫婦神であった。

いったいどの程度「度合いが激しい」のか、さっそく神話を見ていただこう。胸焼けすること請け合いである。

ドスケベエピソード　ラブラブセックスが止まらない、なお基本は騎乗位

大地の神ゲブは、大気の神シュウと湿気の女神テフヌトの子として生まれ、同じ両親から生まれた妹である天空の女神「ヌゥト」と結婚した。彼らが次々と作った4人の子供が、冥界の王オシリスと玉座の守護女神イシスの夫婦と、砂漠の神セトと葬祭の女神ネフティスの夫婦である。

ところがこの4柱の神がお腹の中にいるにも関わらず、ゲブとヌゥトはラブラブで、ぴったり重なってひたすら騎乗位で交わり続けていた。ゲブは大地の神なので下になるのが好きなのである。ヌゥトは『天空の雌牛』という別名を持つほどの巨乳であり、それが目の前でブルンブルンと揺れているのだから、ゲブが止められなくても仕方ない……のかもしれない。

だが、ずっとくっついていては子供たちが腹から出られない。愛欲まみれのふたりに激怒した父神シュウは、ふたりのあいだに割り込んでヌゥトの身体を持ち上げ、天空と大地の間に隙間を作り上げたのだった。エジプト神話では、このとき天地が分かれて世界が生まれたとされている。

このとき、ゲブが未練がましく天空に向けて男根を勃起させている様子を描いた宗教画が現代に残されている。また、大地に隆起する山は、ゲブがヌゥトを離すまいと伸ばした手なのだ、とする神話もある。

ドスケベエピソード　人類史に残るセルフフェラ、そして常時勃起する性欲魔神へと進化

父神シュウによって妻ヌゥトと引き離されたゲブは、なおも男根を必死に勃起させたが、天空たるヌゥトにまで届かないことを知って諦めた。

39

ともあれ、こうして新婚生活を中断させられたゲブは、大地の神としての仕事を与えられた。そのひとつは太陽神ラーに敵対する邪悪な蛇神アペプを倒すというもので、ゲブは天空神ホルスとともにみごとこの任務を果たした。ただしそのときに蛇神の精力の強さを吸収したことで、ゲブは常時、勃起しっ放しの性欲魔神と化したのだった。

さて、ここで重大な問題が発生する。ただでさえ嫁とセックスしっぱなしだった精力絶倫の男神が、蛇の精力を獲得してパワーアップしたというのに、嫁とセックスすることができないのである。これはゆゆしき事態だ。精子の作りすぎで睾丸が破裂してしまう。

ゲブは驚くべき解決策に乗り出した。その身を丸めて頭を股間に近づけ、なんと自分の男根を口でなめて性欲処理することにしたのだ。禁断のセルフフェラチオである。ロンドンの大英博物館には、この姿を描いたパピルスが現在でも保存されており、古代から続く人間の業の深さを教えている。

ドスケベエピソード 性欲が暴走！ 父親に反逆し、母親をレイプする鬼畜息子

そのあと、ゲブは蛇の姿をした収穫の女神レネヌテトと交わって蛇の神を産ませたりもしたが、その性欲はまったくおさまる気配がなかった。

そんなゲブの下半身事情とは関係なく、女神ヌトが去った地上では、神々の王である大気の神シュウと、このゲブによる権力争いがつづいていた。そしてゲブは、この闘いに勝利して王権を奪ったのである。敗れた父シュウは天空に去り、地上にはゲブと、母である湿気の女神テフヌトが残された。

このテフヌトは「下なる湿気」、すなわち大地を流れる川と海の守護神だった。また湿気そのものを生み出す女神でもあり、その膣には、亡き王を守護する「純粋な水」を作り出す能力が備わっている。

かたや、妻と引き離されて男根がビンビンになっている若き豊穣神。かたや、夫を失って身体をもてあましている、女性器を濡れ濡れにした未亡人女神。ふたりが同じ場所にいて、何も起きないはずがなく……ゲブは濡れそぼった母親の膣内に強引に突き込み、テフヌトも嫌がるどころか息子の欲望を全力で受け止めた。彼女は湿気の神であるとともに、蛇とライオンをシンボルとする性欲の女神でもあったからだ。

ゲブにとって父親シュウは、愛する妻ヌトを自分から奪った仇敵だった。彼は父を追放し、母親を奪うことで父への反逆を完遂したのである。

ゲブ

どすけべの真相 ヤリチンになったのは、神話にスケベ担当が必要だから

ゲブという神は、最初からドスケベだったわけではない。エジプトの神話は、都市ごとに信仰されていた多彩な神々を、もっとも実力のある神殿が、自分たちに都合良く組み合わせて物語として完成させたものだ。そのため時代ごとの都合で、神々の設定がコロコロと変わるのである。ゲブがドスケベになったのは、あくまで後世の人間の都合にすぎないのだ。

ドスケベの真相 時代に合わせて活躍するようになった男根

妻ヌトとの性交神話に登場するゲブは、豊かなエジプトの大地を擬人化した神であり、身体には植物を象徴する緑の斑点、そして頭にガチョウを戴いた姿（あるいはガチョウそのもの）で描かれる。エジプト神話においてガチョウは、世界を宿した卵を産んだとされる、重要な意味を持つ鳥である。

しかし、本来のゲブは、ダチョウではなく蛇との関係が深い神だった。古代エジプトのなかでも初期の王朝、エジプト第三王朝時代（紀元前27世紀ごろ）に作られたピラミッドの壁画では、ゲブは蛇の姿で描かれている。

やや時代が降って紀元前25世紀、エジプト第五王朝の時代になると、エジプト南部の都市ヘリオポリスの神官勢力が、ナイル川下流の下エジプト地域で勢力を増していく。彼らは自分たちの主神である豊穣神オシリスを中心に、9柱の神々を組み合わせて、世界の誕生など一貫性のある神話を作りあげた。ゲブはオシリス神の父親にして天空母神ヌトの夫という地位を得たのである。ゲブがガチョウと関連づけられたり、ヌトとセックスしたまま離れないで困るという神話がつくられたのは、この時代だと考えられている。

なお、ゲブが母親である湿気の女神テフヌトを犯す話は、さらに新しい時代の神話である。この神話は、エジプトの現地勢力が弱まり、ギリシャからの移住者が力を増していた紀元前4世紀、第30王朝以降の神話に登場する。ギリシャ人たちは、神々の父親であり大地の属性を持つゲブのことを、ゼウスの父親である農耕神クロノスと同一存在なのではないかと考えた。そのため、実母ガイアとの近親相姦の神話を持つクロノスに合わせて、ゲブにもテフヌトを犯す神話を追加したものと考えられる。

インドラ

神々の王が、男の宝を失う物語

多情な神 / Gods of satyriasis

　神話の最高神には、どうやら女好きな性格の者が多いようだ。これは神族の指導者として、多くの子孫を残さなければいけないという政治的な事情があると思われる。しかしこのインドラの場合は、政治的理由という言い訳は少々苦しく感じる。好みのタイプは片寄っているし、歪んだ性癖、モラルは皆無……こんな最高神がいてもいいのだろうか？

雷撃を放ち天空を駆ける偉大なる雷と嵐の神

　インドラはインド神話の雷神である。茶褐色の髪と皮膚を持ち、武装した姿で描かれる戦いの神でもある。インド神話では時代によって神々の地位が異なるが、インドラは古い時代の神話において神々の王と呼ばれていた。

　彼は雷と、雷を起こす雷雲を自在にあやつる存在だ。雷雲はたいていの場合大量の降雨をともなうため、インドラは農業の守護神でもある。

　武器は仙人の背骨から作った必殺の「ヴァジュラ」。強力な雷を放つ能力をもっており、敵対する者を黒こげにしてしまう。

◆◆◆◆◆ 神々の性癖チャート＆分析 ◆◆◆◆◆

多淫度：8
強制度：6
変質度：7
視姦度：9

　インドラは「多情な神」に分類したが、レイプや変態の実績もあり、ドスケベ的にはマルチな才能を有していると評価できる。特に全身に1000個あるという眼球で、女性のエロい姿を鑑賞するあたりは変質度的に高得点だ。

インドラ

神々のドスケベストーリー

インドラの息子は暴れん棒である。インド神話には性欲おう盛な神が多いが、インドラはただスケベなだけでなく、モラルの面でも欠けている部分が大きかった。そのため性欲のおもむくままに、神々の世界にどうしようもないトラブルを巻き起こしているのだ。

本書ではそのなかからふたつの物語を紹介しよう。

ドスケベエピソード　雷神インドラの精子脳伝説第一弾　第一婦人は誘拐レイプ！

インド神話の世界では、神々の一族であるディーヴァ神族と、悪の種族とされるアスラ神族が対立している。ただしキリスト教の天使と悪魔のような絶対的宿敵ではなく、ディーヴァとアスラはたがいに協力したり、婚姻を結んだりすることもあるのがおもしろい。

インドラの正妻は、このアスラ神族出身のシャチーという女性である。なぜインドラが彼女を選んだかといえば、彼女はこの世でもっともエロいボディの持ち主だったからだ。インドラはシャチーの父親であるプロマンというアスラ族に、シャチーを嫁にもらいたいと申し込んだ。

ディーヴァ神族の有力な神であるインドラなら、娘を嫁がせる相手としては申し分ない。そんなわけでプロマンはシャチーの嫁入りに乗り気だったのだが、ここでインドラ、とんでもない行動に出てしまう。シャチーのドスケベボディにムラムラが頂点に達したインドラは、プロマンから結婚許可が下りるのを待ちきれず、シャチーを誘拐してレイプしてしまったのだ！　黙っていれば自分のものになるのに、ほんの少しも待てないとは……しかも娘を取り返そうとするプロマンを、インドラは先手を打って襲撃し、殺してしまう。誘拐レイプと義父殺し、もうトリプル有罪である。

しかしインドラはただのレイプ魔ではなく、抜群の精力とセックステクニックを持っていた。シャチーは実の父親を殺されたにもかかわらず、インドラに夢中になってしまったというからたいしたものだ。

こうしてインドラは周囲がうらやむエロさの正妻を手に入れたわけだが、インドラの性欲はこの程度で満たされることはなかった。

43

**ドスケベ
エピソード**

雷神インドラの精子脳伝説第二弾
人妻寝取りは蜜の味

多情な神

Gods of satyriasis

雷神インドラには救いようのない性癖があった。彼はまだ男を知らない若い娘よりも、ほかの男の妻となった女性に対して性的興奮をおぼえるのだ。そう。インドラは、インド神話でも屈指の寝取り間男なのである。

インドラの数多い寝取り神話のなかでもっとも有名なのが、アハリヤーという女性とのロマンスである。彼女は、インドの神話世界で神と同等の力を持つ仙人のような存在「聖仙」のひとり、ゴータマの妻であった。アハリヤーはインド神話の創造神ブラフマーによって作り出された最初の人類のひとりで、そのあとに生まれた、あらゆる人間女性のなかでもっとも美しい姿を与えられていた。特にお尻のエロさにおいて並ぶ者がなかったという。

インドラはゴータマが修行に出ている時を見計らってアハリヤーを口説き始め、彼女のほうもよい気分になっていた。そこにアハリヤーの夫である聖仙ゴータマが帰ってきたからさあ大変。なぜなら聖仙の持つ力は、ときに神をも上回るからだ。聖仙は妻を誘惑したインドラへの復讐として「全身に1000個の女性器がつく呪い」をかけたのである！ 全身女性器まみれの最高神など、筆者はどこの神話でも聞いたことがない。

しかしこの呪いに対して神々が弁護に立つ。「インドラは悪いことをしたが、実際にセックスをしたわけではなく未遂なのだから、もうすこし罪を軽減できないか」というのだ。ゴータマもこの説得に折れ、インドラの全身にある女性器は、1000個の目玉に変えられた。インドラはこの目を、女性の艶姿をマルチアングルで鑑賞するのに大いに利用したという。

これにて一件落着……とはならないのがインドラのすごいところである。そう、彼はまだアハリヤーとの不倫セックスをあきらめていなかったのだ！

インドラは真夜中に、鳥に変身して朝を告げる鳴き声をあげた。すると朝が来たと勘違いしたゴータマは、朝の儀式のために家を出る。こうして十分な時間を得たインドラは、雷神のたくましい男根を待ちわびていたアハリヤーと待望の合体。たっぷりと時間をかけて本懐を遂げたのだった。

さすがに今度は神々も、懲りないインドラを弁護しなかった。ゴータマが呪いをかけると、インドラの股間から、男の象徴、大事な大事な金の玉が、ひとつ、ふたつと地面に落ちたではないか。こうしてインドラは、のちに神々の助けで新しい睾丸をもらうまで、玉なし生活を送ることになったそうだ。

インドラ

インドラがダサいのは時代遅れの神だから!

神話に登場するインドラは、とにかく格好悪い。いろんな相手に負けるし、聖仙の妻を寝取ろうとしてバレるし、特殊能力は視姦専用だし……だが、こういった格好悪いインドラの神話は、インド宗教界の勢力争いの結果、比較的新しい時代に作られたものなのだ。

ドスケベの真相 主神をageるためにインドラがsageられた

インドでは本来、自然現象を神格化した神が人気を集めていた。専業の聖職者たちは、TPOにあわせて雷神、水神、炎神などに祈りを捧げ、天災を防ぎ鎮め、人間に豊かな暮らしを与えてほしいと願ってきた。インドラはこの古い時代に、もっとも地位が高い神だった。雷神として雨雲を呼ぶインドラは、人間に飲み水を与え、穀物を豊作にする重要な神だからだ。

しかし時代が下ってくると、複雑過ぎる信仰形式に庶民がついていけなくなり、他宗教との争いの結果、「なんでもひとりでできる神」を信仰する宗派が、庶民の支持を集めるようになっていく。具体的には134ページのシヴァと、本書では端役でしか登場していないヴィシュヌという神である。彼らは古い時代にはただの地方神に過ぎなかったが、信者たちが時代の流れにうまく乗り、勢力を一気に拡大させたのである。

彼らは自分たちが奉じる神の地位を高めるために、これまで語り継がれてきた神話の改変作業に乗り出した。そこで役に立ったのが、旧時代の主神であるインドラだ。筋書きはこうである。

「人々に偉大な神だと思われているインドラが、愚かなミスをする。我々が信奉している神が、それを華麗に助ける。こうすれば、インドラの知名度を利用して、我々の神の地位を高めることができる」

つまりインドラは、昔の名前を「噛ませ犬」として利用されたのである。インドラは大地に実りを授ける雷神だけあって、もともと好色な気質を持って描かれていたが、新しい時代の神話では、その性質が「ただの変態スケベオヤジ」としか評価しようがないほどに貶められた。これも新しい神々のすばらしさを強調するためのネガティブキャンペーンだったのだ。

チャンドラ

入れたい穴はひとつだけ

Gods of satyriasis
多情な神

ハーレムは男の夢である！
美女たちに囲まれ、乾く暇もない酒池肉林の生活。しかし実際のハーレムは、世の人々が夢想するほど素敵なものではないらしい。妻たちの人間関係トラブルに巻き込まれ、プレゼントも夜の機会も平等にしなければすねられ……そんなハーレムの現実を味わってしまったのが、このチャンドラである。

天空に輝く月と神々の酒ソーマの守護神

インドでは太陽系の主要惑星・衛星のひとつひとつに神が割り当てられている。チャンドラは月の神であり、イメージカラーは銀色。ソーマという別名も持っている。

ちなみにこのソーマとは、神々を祭る儀式で配られる神聖な飲み物の名前でもある。ソーマは栄養と活力の源であり、飲んだ者の寿命を延ばし、霊感をもたらすといわれている。ある神話によれば、月は神々が飲むためのソーマを溜めておく貯蔵タンクなのだという。神々の活力源を管理するチャンドラは、大変重要な神なのだ。

◆◆◆◆◆ 神々の性癖チャート＆分析 ◆◆◆◆◆

多淫度：5
強制度：2
変質度：4
えり好み度：9

何十人もの妻をもらっておきながら、そのなかで一番気に入った妻ひとりとしかセックスしなかった逸話を持つ。よほどの愛妻家なのかと思いきや、人妻にも手を出す……ストライクゾーンが狭いだけなのか？

チャンドラ

神々のドスケベストーリー

46 ページでも紹介したとおり、チャンドラには「ソーマ」という別名もある。正確にはこれは別名というよりは……もともとは月の神は「チャンドラ」という名前だったのだが、神々の飲み物ソーマの守護神が「月の神」の性質を得たため、チャンドラの神話と混ざりあった、というのが正しい。本書では双方の神話をまとめて、チャンドラの神話として紹介する。

ドスケベエピソード 妻が何人いたとしても棒は 1 本しかないんです

インド神話は、日本神話のような多神教の物語であり、多くの神々が登場する。インドには 42 ページで紹介したインドラの他にも、何十、何百という神々が登場するのだが、この世界において最強の存在は神々ではない。実は神々よりも「聖仙」と呼ばれる仙人のような存在のほうが、強い力を持っている。なかでも強力な力を持っているのが、「プラジャーパティ」というグループ名で呼ばれる 10 人の聖仙たちだ。

あるとき、プラジャーパティの聖仙たちは、弟子である神々に、自分たちの娘を妻として与えようと思い立った。日本人の感覚で行くと、仙人といえば一切の欲望を断っていて子作りなどとは無縁に思えるのだが、インドの聖仙たちは普通に結婚するし、セックスもばんばんやって、就職先、嫁ぎ先に困るほど大量の息子と娘を産ませていたのだ。月神チャンドラに嫁を与えることにしたのは、プラジャーパティのひとり、聖仙ダクシャであった。彼はなんと、チャンドラに自分の娘を 27 人も、妻として押し付けたのだ！

突然、クラス 1 個ぶんの新妻たちに囲まれることになった月神チャンドラは困惑。たったひとり、ローヒニーという娘とだけ新婚セックスをして、それ以外の 26 人の娘たちはいっさい寝床に近づけなかった。

これに困ったのが 26 人の娘たちである。結婚したからには初夜を迎えて処女を奪ってもらわなければ、妻として認められたことにならない。彼女たちの存在意義は宙に浮いたままになってしまうのだ。26 人の娘たちは、ただひとり寵愛を受けているローヒニーに嫉妬を爆発させ、父親であるダクシャのもとに押しかけ、旦那様のえこひいきを訴えたのである。

47

ダクシャはチャンドラに、ちゃんと他の娘たちを平等に愛するようにと直談判するが、チャンドラはあいかわらずローヒニーしか抱こうとしない。そのためダクシャは月神チャンドラに、身体が徐々に欠けていくという、強烈な呪いをかけて改心をうながした。

これに怒ったのはほかの神々である。なぜ夫婦仲がうまくいっていないからといって、滅びの呪いをかけられなくてはいけないのか？　神々は呪いに対抗する手段を探し、一ヶ月の半分のあいだ、欠けた身体が回復していく力が得られる修行法を突き止めた。こうしてチャンドラは助かり、月は満月と新月のあいだを行ったり来たりしながら満ち欠けするようになったのである。

ドスケベエピソード　立派な赤ちゃんの父親は？ いったいどっちの種なの!?

この神話だけを視ると、チャンドラは嫁ひとりだけを愛する"一穴主義者"のように見える。しかし、残念ながらその評価が間違いであることが、別の神話で確認できる。

ブリハスパティという名前の神がいる。彼は木星の神であり、すべての神々の師匠とも呼ばれる偉大な神だった。彼は神々に、儀式を通じて人間たちから力を受け取る術を教えたところだった。だが月神チャンドラは、儀式によって受け取った、今まで感じたことのない強大な力に酔ってしまい、今なら何でもできるという全能感におぼれてとんでもないことをしてしまう。木星神ブリハスパティの妻、美人で評判だった女神ターラーを誘惑し、ブリハスパティから寝取ってしまったのである。

インドには、女性に貞淑さを強く求める文化がある。嫁を穢されたブリハスパティは、チャンドラの誘惑に応えた妻に離婚を突きつけてしまった。

離婚されたターラーは、以降どの男性とも接触せずに日々を暮らしていたのだが、実はこのときすでに子供を妊娠していた。皆に内緒で子供を産んで育てていると、息子は非常に美しく、見るからに聡明そうだ。ターラーが産んだ子供の話はたちまち神界の噂となった。「いったいどの男が産ませた子供なのだろうか？」と。

子供の遺伝子提供者の候補は、元の夫であるブリハスパティか、間男であるチャンドラのどちらか以外にありえない。双方の男性が「この子は自分の子だ」と主張するなか、ターラーは「チャンドラ様の子です」と宣言。晴れてこの賢い子は、チャンドラの息子になったのである。

チャンドラ

月の神を作ったら「満ち欠け」も考えなきゃ!

月神チャンドラが 27 人もの妻を押し付けられることになった理由は、月がなぜ満ち欠けするのかを、月神の信者たちに説明する必要があったからだと推測できる。ここではチャンドラのもうひとつの「満ち欠け神話」を皮切りに、チャンドラの結婚神話のウラ事情を解説していこう。

ドスケベの真相　月にこだわるインド神話

このページで紹介する月の満ち欠け神話は、チャンドラの別名である「ソーマ」と深く関わっている。

46 ページで説明したとおり、ソーマとはもともとインドの宗教儀式で飲まれる飲み物である。このソーマには神々に強大な活力を与える効能があるため、神々にとってソーマは非常に大事なものだった。

そんなに大事なものをどこに保存しておけばいいのか？　神々が目をつけたのは空の上だった。地上に住む者の手が届かない天空に、ソーマの貯蔵容器を浮かべておくことにしたのである。勘のいい方ならそろそろ気づいたことだろう。この「天空に浮かぶソーマ貯蔵容器」こそ、月の正体なのだ。

神々がソーマをがぶがぶと飲んで残量が少なくなると、月はどんどん欠けていく。貯蔵容器のソーマが飲み尽くされて新月になると、貯蔵容器にソーマが満たされるターンに入っていく。そしてソーマが満タンになった状態が満月であり、神々は大いに喜んでまたソーマを飲み始めるのだ。

また別の神話では、月は常に満月であった。月は自分の美しさを誇るあまり傲慢になり、天空から神々の失敗を笑うようになった。そこで象の頭を持つガネーシャという神が、月に満ち欠けする呪いを掛けたので、月は一ヶ月に一度しか美しい姿を見せることができなくなったという。

このようにインドでは、月が満ち欠けする理由を神話で説明するためにさまざまな方法を利用した。チャンドラの場合はそれがたまたま特定の嫁への偏愛神話という形で語られたのだろう。このことは、チャンドラの嫁の人数が 27 人であり、これが月の公転周期日数である 27.3 日と非常に近いことからも裏付けることができる。

オオクニヌシ

子作りワッショイ！ 180人赤ちゃん大行進

多情な神 / Gods of satyriasis

人は自分の子供を何人つくることができるのだろうか？ ギネスブック世界記録は、北アフリカの国モロッコの皇帝ムーレイ・イスマーイール。彼は性欲おう盛で、なんと888人もの子供をもうけたという。

神話の世界にも子だくさんの神は多い。日本神話ではオオクニヌシという神が、180人以上の子供を妻たちに産ませている。

相棒とともに国土を作り 外敵から守り抜いた神

オオクニヌシは日本の神で、古来から日本の大地に住んでいた「国津神」のリーダーである。国内の観光地にくわしい方なら、島根県にある「出雲大社」に祭られている主祭神といったほうがわかりやすいだろう。

彼は、『一寸法師』の伝説の元ネタになった「スクナヒコナ」という神とともに、天皇の一族が天上世界「高天原」から降りてくる以前から地上で国造りを行っていた。彼は人々に農業や医術を教えて社会を作らせ、国土を荒らす荒ぶる神々を退治して平和をもたらす英雄神でもあった。

◆◆◆◆◆ 神々の性癖チャート＆分析 ◆◆◆◆◆

- 多淫度：7
- 強制度：2
- 変質度：2
- 一夫多妻度：8

オオクニヌシは、日本神話に登場する神のなかでも、特に妻の人数が多い。『古事記』に紹介されているだけでも6名、その他の文献も混ぜれば最低でも8名の妻が確認できるので、一夫多妻度は8ということにした。

オオクニヌシ

神々のドスケベストーリー

オオクニヌシは、メジャーな神話のなかで確認できるだけで8人の妻を持ち、合計で180とも181ともいわれる数の子供を産ませた、種馬神という呼び名がふさわしい子だくさんの神だ。

いったい彼はどのようにして、これほど多くの女神を口説き落とし、多くの子供を孕ませることができたのだろうか?

ドスケベ エピソード　最初の妻は イナバの白ウサギが仲人

オオクニヌシの神話は、いきなり嫁取り物語から始まる。

オオクニヌシにはたくさんの兄弟がいたが、彼らは性格が悪かったうえ、オオクニヌシのことを嫌っていたらしい。彼らはヤガミヒメという美女の噂を聞き、求婚するために兄弟全員で彼女が住む宮殿へ行くことになった。オオクニヌシは兄弟の荷物持ちとして動員されたのだった。

宮殿への道中、海岸で、全身の毛をむしられて赤い肌が丸見えになったウサギを兄弟たちが見つけた。意地の悪い兄弟たちは「海水に漬かって風にあたれば治るぞ」と嘘の知識を教え、苦しむウサギを笑いながら立ち去った。遅れてやってきたオオクニヌシは、ウサギに治療法を教えて助けてあげたのだった。

その経緯をウサギが姫に伝えたのか、それとも姫がオオクニヌシとその兄弟の人柄を見抜いたのか……理由は神話では明かされていないが、ヤガミヒメはオオクニヌシの兄弟たちとの結婚を拒否。あとから荷物をかついでやってきたオオクニヌシとの結婚を決めたのである。

こうして評判の美女をタナボタで妻にしたオオクニヌシだが、彼は終世、平穏な結婚生活を営むことができなかった。ラブコメ漫画の主人公かと疑う、オオクニヌシの女運がそうさせなかったのである。

本人にその気はなかったのに、ヤガミヒメの夫に選ばれてしまったオオクニヌシ。これに兄弟たちが激怒した。なんと彼らは、弟であるオオクニヌシをだまして謀殺してしまったのだ。母親の神通力でオオクニヌシは復活するが、兄弟たちはふたたび弟を殺害する。やむをえずオオクニヌシは、兄弟たちの追跡を逃れるために地下世界「根之堅洲国」に逃れることになった。

51

ドスケベエピソード 手を出してしまったばっかりに……「根の国」でのラブロマンス

新婚早々、妻を置いての単身赴任。ビジネスマン向け雑誌の漫画なら、明らかにラブロマンスが待っている展開だ。予想は的中。根の国に到着したオオクニヌシは、根の国の支配者であるスサノオ（➡p90）の娘、スセリビメに一目惚れされて、即座にベッドインしてしまったのだ。

しかもスセリビメは一夜のロマンスで終わらせる気などさらさらなく、「この人と結婚する！」と言い出して父親のスサノオを激怒させる。まさか日本神話の主要神に対して、「娘さんと一発ヤったけど、もう妻がいるので2人目はいらないです」などと言い出せるわけもなく……オオクニヌシはまたも命がけで、スサノオが次々と繰り出す試練に立ち向かうことになった。何度も死にそうになりながら、スセリビメの献身で試練を切り抜けたオオクニヌシは、なんとかスセリビメの夫として認められ、地上世界に帰ることになったのである。

ドスケベエピソード 嫉妬妻スセリビメとの丁々発止 嫁の目を盗み孕ませろ！

スセリビメとの結婚にはふたつの問題があった。ひとつは、スサノオから「スセリビメを正妻とせよ」と命令されていたこと。もうひとつは、スセリビメが大変嫉妬深い女性だったことだ。

地上に帰ったオオクニヌシを待っていたのは、ヤガミヒメが彼との初夜で孕んでいた長男と、三行半の手紙であった。嫉妬深い正妻と付きあうのは嫌なので、実家に帰らせていただきます……それがヤガミヒメの決断であった。

こうしてヤガミヒメが身を引いたことで、オオクニヌシの家庭は「スセリビメ一強」で安定するはずだったのだが……オオクニヌシは最初の嫁を失った反動か、とんでもない浮気男に覚醒してしまったのだ。彼が孕ませた女神は、名前が残っているだけでも10を超える。子供は、産みも産ませたり180柱！

彼がヌナカワビメという娘を口説きに行ったときなどは大変だった。優雅な恋歌で口説き落とし、さんざん種付けして自宅に帰ってみると、すべてを知っていたスセリビメが般若の形相で夫の帰りを待ち構えていた。オオクニヌシはあわてて自宅から逃げ出して、山を越え川を越え、遠くの国に身を隠そうとしたという。さすがにこれはやりすぎたと後悔したスセリビメが彼を引き留めたことで、偉大な夫婦神の別居という事態は避けられたという。

オオクニヌシ

難題まみれの求婚試練は統治の正当性を強調する!

オオクニヌシは、スセリビメとの結婚を認めてもらうために、父親であるスサノオの試練を達成しなければならなかった。なぜこのような神話が作られたのであろうか? その裏側には、オオクニヌシを「日本の支配神」として正当化しようとする、出雲国の人々の思惑があった。

ドスケベの真相 神の地位を高めるには、実績が必要だった

オオクニヌシは漢字で「大国主」と書く。彼は国津神の頭領であり、高天原の天津神が地上に子孫(天皇家)を派遣してくるまで、日本の統治者は大国主だったといっても過言ではない。

ここで神話の舞台を考えてみよう。オオクニヌシ信仰は出雲国、現在の鳥取県西部で盛んだった。そしてヤガミヒメのヤガミとは、現在の鳥取県東部にあたる因幡国、その南部に位置する八頭郡のことだと考えらていれる。つまりイナバノシロウサギ伝説は、出雲国と因幡国の政略結婚を神話化した伝承だと推測できるわけだ。

一方で、オオクニヌシの名前は「偉大な国の主人」という意味である。たしかに彼はヤガミヒメとの結婚によって2カ国の統治者になったと解釈することもできるが、「オオクニ」と呼ぶには、やや名前負けの感が否めない。

ここで神話に立ち返る。51ページからの神話では、最初から彼を「オオクニヌシ」と呼んだが、実は当初のオオクニヌシは「オオナムチ」という名前だった。名前の意味は「偉大な鉱夫の貴人」。つまり彼はもともと鉱山の神のような存在だったわけだ。だがオオナムチは根の国の統治者スサノオの娘と結婚したことで、オオクニヌシと名乗ることを許されるようになった。

つまりただの鉱山領主だったオオナムチは、日本の主要神から嫁をもらったことで、オオクニヌシ、偉大な国の主人と名乗ることを許されるようになったわけだ。ならば神話に語られていた厳しい試練は、オオクニヌシが「よい嫁をもらったから偉くなっただけの逆玉の輿男」ではなく、「厳しい試練を乗り越えた実力のある神」であることをアピールし、自分たちの神の正当性を高めようとする、オオクニヌシ信者による宣伝だったことになるだろう。

東方朔 (とうほうさく)

長安印のとれたて新品ワイフ

Gods of satyriasis
多情な神

「漢王朝」という王朝がある。項羽と劉邦の争いから産まれ、隆盛と衰退を繰り返し、三国志の時代に滅んだ古代王朝である。

中国の古代王朝は「性」の技術においても先進国であり、不老不死を得るためのセックス術など、快楽と実益を兼ね備えた技法の数々が研究されていた。このページではその実践者のひとりを紹介しよう。

漢王朝中興の祖 「武帝」が寵愛した懐刀

漢王朝の7代目皇帝「武帝」の時代、ひとりの男が宮廷に呼び出された。彼の名は「東方朔」。奇行を繰り返したことから、のちの世になると「正体は仙人であり、中国の神「西王母」が管理する不老不死の桃を盗み食いした」という伝説が広まっていた人物である。

彼は非常に頭が良く、それだけでなく人を楽しませる語りの技術を身につけていた。独特のとぼけた話術には、短気な人も毒気を抜かれてしまう。彼の話術は中国の漫才のルーツとなり、お笑いの神様としても信仰を集めている。

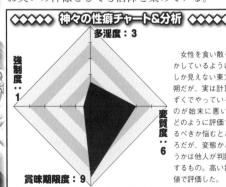

◆◆◆◆◆ 神々の性癖チャート&分析 ◆◆◆◆◆

多淫度：3
強制度：1
変質度：6
賞味期限度：9

女性を食い散らかしているようにしか見えない東方朔だが、実は計算ずくでやっているのが始末に悪い。どのように評価するべきか悩むところだが、変態かどうかは他人が判断するもの。高い数値で評価した。

東方朔

神々のドスケベストーリー

「自分は勇猛果敢で知略に富んでいるので、大臣に向いていると思う」

就職面接の申込書に、こんな自己紹介文がついていたら、採用担当者はどんな顔をするだろうか。しかもこの自己紹介文に、読み終わるのに何ヶ月もかかる完成度の高い論文がついてきたら。東方朔は、こんな経緯で漢王朝の宮廷に仕え、さまざまな奇行で伝説となった人物である。

ドスケベエピソード 美女と魚は鮮度が命！毎年交換美女バイキング

東方朔は、優秀な政治家としての能力と、人を食ったようなとぼけた性格が同居した人間だった。食事に招待されれば、食べ残しの肉を懐に入れ、肉汁を服に染みさせながら持ち帰ろうとし、仙人なら秘境で隠棲しないのかと言われれば、最近の仙人は宮廷で隠棲するのだと言い出す始末である。

このように東方朔は奇人変人で通っていた。しかし、ただの変人では済ませられない困った事件が発生する。東方朔は皇帝から多額の給料をもらうと、それを背景に都でも指折りの美女を妻に迎えた。ところが結婚から1年後、東方朔はそれまでの妻を追い出し、新しい妻を迎えたのである。これが一度だけなら夫婦生活の不一致だといえるのかもしれないが、東方朔は毎年同じ時期にこれまでの妻を捨て、新しい妻を迎えるのだ。

美女の賞味期限は1年だといわんばかりの東方朔の奇行を、周囲の人はいぶかしんだが、実はこの奇行は計算ずくで行われていた。これは東方朔にとっては修行の一環だったのである。

仙人たちが信仰している道教には、「采陰補陽（さいいんほよう）」と呼ばれる修行法がある。これは、自分の身体のなかにある陰の気と陽の気のバランスを、セックスによって整えるという修行だ。東方朔はこの修行を実践するために、つねに新鮮な女体を必要としていたのである。

鮮度が落ちれば手切れ金を渡してポイ捨てし、新たな妻を迎える。これを何十年ものあいだ繰り返したせいで、東方朔の変人という評価は揺るぎないものになっていくのだが、本人はまったく気に病むことなく、世間の評価をそのまま受け入れて変人を自称していたとのことである。

セックスで長生きできる！中国の性秘術「房中術」

中国の皇帝たちは、永遠の寿命を夢見て不老長寿の研究をおこなってきた。彼らは道教の思想にのっとり、肉体と精神を修行と薬品によってつくりかえて仙人となり、永遠の時を生きようとしたのだ。東方朔がおこなった「采陰補陽」もそのひとつで、セックスによって己を磨く「房中術」という技法のひとつである。

ドスケベの真相　陰陽のバランスをセックスで整える

房中術とは、男女のセックスを通じて不老長寿を目指す養生術のひとつである。房中術の理論的土台となっているのは、中国の「陰陽思想」。世界は陰と陽の２種類の気で成り立っているという考え方だ。

陰陽思想では、陰と陽のどちらか片方に偏ることはよくないと考える。陰と陽のバランスがとれている状態がベストなのだ。男性は陽の気、女性は陰の気に近しい存在だとされているので、そのふたつをセックスによって混ぜ合わせ、均衡の保たれた状態を目指すのだ。この、男女の陰陽の気が均衡した理想的な状態を「男女和合」といい、肉体にとってもっとも自然で無理がない状態、すなわち寿命が延びる状態だと考えるのである。

ドスケベの真相　射精は計画的に！　房中術のお約束

実は現代人の価値観から見ると、房中術を実践することは苦痛を伴う。房中術の基本は「接して漏らさず」という言葉に集約される。男性にとって射精とはかなりの体力を使う行為なので、みだりに射精してはいけない、つまり「漏らさず」と房中術では教える。そして、房中術の効果を得るためには、女性が十分に興奮した状態になっている必要があるという。

これらを実践しようとすると、男性は大変苦労することになる。目の前のパートナーはあなたの愛撫と男根挿入で乱れに乱れているのに、男性のほうはそのセックスで興奮しすぎてはならず、射精もせずに終わるのがいいとされているのだ。目の前に愛する女性の乱れ姿があるというのに、興奮するな、何度も射精するなというのは拷問であろう。

東方朔

中国社会は一夫多妻のハーレム天国だった!

中国の宮廷社会というと、礼儀作法に厳しくておカタいイメージを持っている人がほとんどだろう。さぞかし夜の生活も窮屈だったのだろう……と思いきや、実は中国の性生活はかなり開放的で、しかも甲斐性のある男性は複数の嫁を持つのが当たり前のハーレム社会だったのだ!

ドスケベの真相 ハーレム子作りでお世継ぎをゲットせよ!

古代から中世の中国では、裕福な男性は複数の妻を持つのが常識だった。もちろん中国では結婚とは家と家がするものだから、厳然たる「正妻」が存在するが、それ以外にも妾として第二、第三の妻を持つのがあたりまえだったのだ。裕福なのに妻が一人しかいないのは、病弱で複数の妻を満足させられない者か、あるいはよほどの変人だけだったという。

中国人はなぜ複数の妻を持ったのか。その理由は中国の思想的バックボーンである「儒教」にある。儒教の基本は祖先崇拝であり、亡くなった先祖の霊を祀ることが重視されていた。ところがこの儀式がクセモノで、なんと直系の男子以外、先祖の霊を祀ることができないのだ。

そのため立派な家を継いだ者がもっともがんばらなければいけないのは子作りである。仕事の合間に時間を作っては、ひたすら妻とセックスセックスの連続で、跡継ぎとなる男子が産まれるのを待つ。そして男子が産まれても油断はできない。当時は乳幼児の死亡率が高く、日本でも「7歳までは神のうち」、つまりいつ死んでもおかしくないという常識があったほどだ。跡継ぎの男子がひとりでは、流行病のひとつもあれば家が絶えてしまう。

そこで中国では、一夫多妻制が積極的に導入された。こうすれば妻が産後の肥立ちが悪くて妊娠しにくい体になっても、複数の妾たちが正妻のかわりにスペアの子供を産んでくれるという寸法だ。

そもそも漢字の「祖」とは、「ネ……祈る人間」「且……勃起した男性器」の組み合わせで、勃起した男性器を礼拝する姿を文字にしたものだ。祖先崇拝とは、立派なペニスで自分を産んでくれたことへの感謝であり……ペニスのために多くの妻を用意するのが儒教的に正しい行いだったのだ。

ドスケベ番外王者！仏教の性神マーラ

この『本当はドスケベな世界の神々』は、神話伝説に登場する神々の性欲がテーマである。そういう意味で本来ならば絶対に外せない存在なのだが、神本人が性欲をあらわにしている場面が描かれないため、惜しくも30柱の神々の列に加われなかった神がいるので、ここで紹介しておきたい。

ドスケベの真相　煩悩パワーでブッダを苦しめた最大の敵

その神とは、仏教の神で、煩悩の化身である「マーラ」だ。

仏教の神話によると、仏教の創始者であるブッダが悟りを開くために修行していたとき、このマーラが、ブッダの悟りを妨害しようとした。なぜなら悟りを開くことは煩悩を捨てることと同義であり、ブッダの悟りは煩悩の化身であるマーラにとって絶対に許し難いことだったからだ。

マーラは煩悩の化身としての力を使い、ブッダに煩悩を捨てさせないように、あらゆる方法でブッダを妨害した。武器を持った兵士や魔物でおどして「恐怖」させたり、自分の娘にスケベな踊りをさせて性欲をかきたてたり……しかしブッダはあらゆる誘惑に耐え、マーラを退けて悟りを開いたという。

ドスケベの真相　いつしかチンチンの呼び名に

もともとインドでは、マーラとは「死」や「死神」という意味を持つ単語だったのだが、日本ではマーラ＝男性器というイメージがついてしまった。なぜなら、仏教の男性修行者が特に苦しめられる煩悩が「性欲」だったからだ。

修行者たちは美女を見て勃起しては、それをマーラの攻撃と考え、内なるマーラを追い出すために座禅や読経などの修行を重ねた。マーラは漢字で「魔羅」と書くが、この言葉はいつしか、煩悩によって勃起する男性器を意味する俗語となって、現在でもその意味で使われている。

仏教では、人間だけでなくあらゆる生き物が煩悩にとらわれていると定めており、それは神ですら例外ではない。仏教の世界観にあわせて強弁するとすれば、ギリシャ神話のゼウスやケルト神話のダグザがとんでもないドスケベなのは、このマーラのせいだといえるのかもしれない。

強姦魔の神

Rape Gods

ゼウス

キング・オブ・ドスケベ西洋代表！

古代ギリシャ人は、神話で性的なイベントを語ることが好きだったようだ。ギリシャ神話はほかの神話とは比較にならないほど、男女の恋と愛の物語が華やかに語られた神話だといえる。その主役のひとりが、このページで紹介するギリシャの最高神ゼウス。彼は男根から生まれたのではないかと疑うほどのセックスジャンキーである。

強大な雷霆を武器に 世界を統治する最高神

ゼウスはギリシャ神話の最高神である。神としての属性は天空神で、天候を自在にあやつるほか、雷を降らせて神に仇なす者を攻撃する。全知全能であるとされ、神の世界と人類世界の双方で秩序ある社会を守護する存在だ。

ギリシャ神話の世界は、ゼウスを頂点とする「オリュンポス十二神」と呼ばれる神々によって統治されているが、そのメンバーは、すべてゼウスの兄弟姉妹と子供、養子で占められている。ギリシャ神話の神界は、人間世界風に言えば「親族経営」なのである。

Rape Gods 強姦魔の神

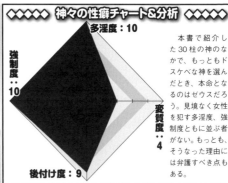

◆◆◆◆◆ 神々の性癖チャート＆分析 ◆◆◆◆◆

多淫度：10
強制度：10
変質度：4
後付け度：9

本書で紹介した30柱の神のなかで、もっともドスケベな神を選んだとき、本命となるのはゼウスだろう。見境なく女性を犯す多淫度、強制度ともに並ぶ者がない。もっとも、そうなった理由には弁護すべき点もある。

ゼウス

神々のドスケベストーリー

　ギリシャ神話は、何百、何千という断片的な物語の集合体である。そのなかでもっとも多いエピソードは、もしかしたら最高神ゼウスの下半身がらみの神話かもしれない。そう思えるほどゼウスには愛人が多いのだ。

　いったいこの最高神は何をやらかしたのか？　ゼウスの下半身の大暴れぶりをご覧いただこう。

ドスケベエピソード　どんな障害も乗り越えてみせる！主神ゼウスのセックスチャレンジ

　ゼウスの行動基準は明確である。美女がいたら、犯し、孕ませる。相手の都合など知ったことではないし、口説いてなびかなければレイプもする。さらに言うなら処女も人妻もおかまいなしである。しかもゼウスの精子は命中率がきわめて高く、数えるほどの回数のセックスでも確実にお相手の女性を妊娠させるのだ。

　美女とのセックスをはばむ障害があったとしても、ゼウスは全力で障害を排除し、くぐりぬけ、思いを遂げる。ここではその実例を見ていこう。

　ギリシャの都市国家スパルタの王妃レダを誘惑したときは、身持ちの堅いレダに隙を作るために泣き落とし戦術を使用した。ゼウスは白鳥に変身すると、鷹に追いかけられているふりをして、レダの近くに飛んでいった。「このままでは美しい白鳥が鷹に食べられてしまう」と思ったレダは、自分の腕の中に飛び込んできた白鳥をかくまい、鷹から守ったのである。懐のなかに飛び込んでしまえばしめたもの。ゼウスは白鳥の姿のまま、こっそりレダを犯して種付けしたという。中国に「窮鳥懐に入れば猟師も殺さず」という故事があるが、ゼウスはこれを逆手にとってレダを犯したのである。

　処女神アルテミスの熱心な信者だったカリストという乙女を犯すときは、カリストは信仰するアルテミスにならって処女を貫くことを決めており、男性に対して強い警戒心を抱いていた。ゼウスが本来の姿で近づいて誘惑しようとするとカリストは逃げてしまうので、ゼウスはまたしても変装を利用した。カリストが尊敬してやまない処女神アルテミスの姿に変装し、油断して近寄ってきたカリストを捕獲。そのままレイプしてしまったのだ。

61

都市国家アルゴスの王女ダナエを狙ったときは、彼女の父であるアルゴス王が、「ダナエが生んだ男の子に殺される」という予言を受けたので、予言が成就しないように、実の娘ダナエを金属張りの地下室に閉じ込めていた。地下ということは、ゼウスの得意技である鳥に変身しての接近は使えないし、壁面が金属張りになっているため、モグラやミミズのたぐいに変身する作戦も使えない。困ったゼウスは、自身の「嵐の神」という能力をフル活用して問題を解決した。彼は自分の身体を「黄金の雨」に変化させ、地下室の天窓にあったわずかな隙間からダナエの部屋に侵入。ダナエの身体に全身を浴びせかけて妊娠させたのである。

　なお、ゼウスは深窓の令嬢ダナエを全身で犯したところで満足したのか、以降の物語には登場しなくなるが、ダナエが産んだゼウスの子は、予言のとおりダナエの父親を事故死させてしまったことをつけくわえておこう。

実はラブラブ!?
嫉妬の正妻ヘラとのなれそめ
ドスケベエピソード

Rape Gods
強姦魔の神

　ゼウスは浮気者として名高い。「浮気」というからには、本命もいるわけだ。ゼウスがもっとも愛するお相手とは、正妻である女神ヘラだった。しかしゼウスがヘラを手に入れるには、一筋縄ではいかなかった。

　もともとゼウスは、父親にクーデターを起こして最高神の地位を手に入れた神である。ゼウスには6人の兄弟がおり、そのうち3人が姉だった。豊穣の女神デメテル、家庭の女神ヘスティア、そしてゼウスの正妻となるヘラ。そう、ゼウスの正妻ヘラは、文字どおりの姉さん女房なのだ。

　ところで、ゼウスが最初に結婚した相手はヘラではない。ゼウスはまだ最高神になる前、知恵の女神メティスと結婚し、次に法の女神テミスと結婚していた。ヘラとの結婚は最高神になったあとに行われたので、順番的には3人目にすぎない。ちなみにこのあいだにゼウスは、姉のひとりデメテルを無理やりレイプして孕ませているが、デメテルはゼウスを嫌悪し結婚しなかったので、妻という意味では除外しておく。

　さて、姉妹のなかでも絶世の美女であるヘラを手に入れるべく、ゼウスはアタックを繰り返す。正攻法、レイプ、さらに得意の変身戦術も駆使するが、ヘラの守りは堅く、これまでのようにゼウスの思い通りにすることはできない。それもそのはず、ヘラは「結婚契約の守護神」である。正式な婚姻関係にもとづかないセックスを拒絶する力も持っていたはずだ。

ゼウス

　ヘラはゼウスとのセックスをする条件として、自分をゼウスの正妻にすることを要求する。ただの愛人や妾とは違って、ギリシャ社会の正妻は、夫婦関係に関するさまざまな権利を持っている。これまで正妻に縛られずに気ままな種付けライフを送っていたゼウスだが、ヘラが手に入らないよりはマシだと、その条件を受け入れたのである。

　浮気者のゼウスがヘラに飽きることはなかったようだ。ヘラは毎年春になると、聖なる泉で水浴びをして、我が身に溜まった穢れ、老い、苛立ちをすべて洗い流す。するとヘラは穢れをしらない無垢な美少女として生まれ変わるのである。この時期にはゼウスは、ほかの女性には目もくれず、清らかで美しくなったヘラの体に溺れるという。問題はその純粋無垢なヘラを、たったの一年で心の曇りまくったヒステリー嫉妬おばさんに変えてしまう、ゼウスの所業の救いのなさにあるのではないだろうか。

ドスケベエピソード　正妻ヘラとの不倫鬼ごっこ！嫁を出し抜き精子を注げ！

　ヘラは結婚契約の女神であり、正妻の権利の守護者である。よってゼウスが不倫した場合、その怒りは夫のゼウスではなく、夫の精子を受け入れて子を成すという「妻の権利」を犯した**女性**のほうに向けられる。そしてゼウスは、自分の浮気相手がヘラに攻撃されないよう知恵を絞るのだ。

「イオ」という女性の物語では、ギリシャの草原で不倫中にヘラがやってきたため、ゼウスはイオを牛に変えて「牛を放牧してただけだよ」とごまかした。もちろんバレバレなので、ヘラは「じゃあこの牛をくださいな」と強制的にもらい受け、百の目を持つアルゴスという巨人を見張りにつけた。イオは神々の助けで監視から逃れてヘラの追求をかわしきり、子供を生んで人間に戻ったのだが、その場所はエジプトのナイル川流域だったといわれている。いったいどれだけの距離を逃げなければならなかったのか。

　ゼウスが正体を隠して「セメレ」という女性と不倫した神話では、妊娠したセメレに嫉妬したヘラが、「あなたのお相手の正体を知るため、本当の身分を明かすように求めなさい」と吹き込んだ。正体を隠したゼウスに「自分の願いを何でもひとつ聞く」と誓わせたうえで、セメレがそう質問すると、ゼウスは失敗を悟って苦渋の表情となり、真の姿である「灼熱する雷光」へと変わる。天空の雷に直接晒されたセメレは絶命してしまった。誓いを破れないゼウスの特性をうまく利用した、ヘラの作戦勝ちであった。

ゼウスのドスケベは人間の出自争いが原因！

　ゼウスは、世界の神話でもトップクラスに「お相手」の女性が多い神である。神話における実績だけを見れば、神々の王というより「種付けの王」と呼んだほうが適切に思えてくるほどだ。いったいどうして、ゼウスは隙あらばセックスばかりしているようになったのか？　それを理解するには、神話を作った人間たちの事情を知ることが必要だ。

ドスケベの真相　前提1：古代ギリシャは文化の交差点である

　まずは、ギリシャ神話を作った、紀元前のギリシャがどのような社会だったのかを説明していこう。

　古代ギリシャは海上交通の要所であり、古くから地中海の海上輸送を担ってきた。その伝統は現代にも引き継がれており、ギリシャ共和国は保有する船舶の規模において世界一である。

　そのため古代ギリシャには、東西南北からさまざまな商品とともに、それを運ぶ人々や、人々が信仰している神々が流入してくる。例えば主神たるゼウスはギリシャ北方から山を越えてギリシャに侵入した種族の神だし、美の女神アフロディーテは文化先進地域だった東方、中東から流入した女神だとされている。

　外国からやってくる神々。これがひとつめのキーワードだ。

ドスケベの真相　前提2：古代ギリシャは「都市国家」の集合体である

　現代ではギリシャは「ギリシャ共和国」というひとつの国にまとまっているが、古代ギリシャはひとつの国ではなかった。「古代ギリシャ語」という共通の言語を持ち、文化的、商業的な交流もあったが、本質的には無数の小国の集合体だったのだ。ちょうど日本の戦国時代から、天皇と将軍を取り除いたようなものと考えれば近いだろう。

　古代ギリシャには「ポリス」と呼ばれる城塞都市があり、この城塞都市ひとつが、城塞周辺の農地をなわばりにしたひとつの国家だった。古代ギリシャには規模に大小の差こそあるものの、200個程度のポリス国家があったと考

ゼウス

えられている。彼らは近隣のポリスどうしで同盟を結ぶことはあるが、ポリスひとつひとつはあくまで独立国だったのだ。そして、ポリス周辺に広がる農地にはそれぞれ所有者がいて、大地主は中世でいう貴族だった。つまりギリシャには何千、何万という貴族の家があったことになる。

数千、数万という貴族の家。これがふたつめのキーワードだ。

ドスケベの真相 理由1：宗教統合のために血縁を利用した

ゼウスはなぜ女性に目がないのか？　その理由のひとつが「外国からやってくる神々」である。

北方からギリシャに移住した民族が、ゼウスを主神とする神話体系を築くにあたり、問題となったのが「ギリシャ土着の神」や「あとから来た神」をどのように扱うかだ。彼らはみな「自分たちの神こそが偉大」だと思っており、彼らの信仰を捨てさせてゼウス信仰に塗り替えようとすれば、殺し合いになることは間違いない。

そこでゼウス信者たちは宗教の統合に乗り出した。諸民族がバラバラに信仰していた神々に、「ゼウスの弟」「ゼウスの息子」「ゼウスの妻」のように「ゼウスの家族」という地位を与えて、ゼウス信仰のなかに取り込んだ。

このため各地方の女神たちが「ゼウスの愛人」の地位を手に入れ、ゼウスがいかに女神を籠絡したかという神話が語られるようになったのだ。

ドスケベの真相 理由2：一族の高貴さアピールに利用された

もうひとつの原因は「数千、数万という貴族の家」である。

古代ギリシャの貴族は「一族の祖先となった一人物」の名誉を非常に重んじる。そのため多くの貴族が「自分の一族の祖先は、神の血を引いているんだぞ」とアピールしたがった。ただの人間より、神の血を引いた人間のほうが偉いと考えるのは自然なことだろう。

一番人気があった祖先神は誰か。言うまでもない。最高神ゼウスである。

そのため多くの貴族が「自分の一族の先祖はゼウスの息子」だと決めて世間に広めた。広める方法はおもに演劇であり、祖先の母親がゼウスに犯されて祖先たる男児を身ごもる経緯が披露された。それが収集されて神話として残ったため、結果的にゼウスは、正妻がいるのに人間の美女と手当たり次第に浮気しまくる男というイメージが生まれてしまったのである。これもすべて人間の見栄が原因。見方を変えればゼウスこそ被害者なのである。

65

ポセイドン

余の子を孕んだことを喜ぶがいい！

ギリシャ神話の最高神ゼウスは、その強すぎる性欲によって数多くのトラブルを引き起こしている。その被害を被った神は、男女を問わず数え切れないほどだ。

ここで紹介するゼウスの兄ポセイドンもまた、弟より件数こそ少ないが、女性に関する悪癖を持っている。神話世界でも血は争えない、ということか。

世界の大洋を支配する強大な海の神

三つ叉の矛を持った姿で知られる海神ポセイドンは、ギリシャ神話の最高神ゼウスの兄である。

ゼウスたちは男3名女3名の6人兄弟で、3人の男兄弟は世界を3つに区切り、ゼウスが天空、ポセイドンが海、ハデスが冥界を支配することを決めた。つまりポセイドンは海の支配者であり、ギリシャ神話に無数に登場する海の神、精霊、怪物をたばねる存在である。

妻は大洋の神オケアノスの娘アムピトリテ。ポセイドンは彼女とのあいだに3名の子をもうけているが、ほかにも多くの愛人が存在する。

◆◆◆◆◆ 神々の性癖チャート＆分析 ◆◆◆◆◆

多淫度：7
強制度：8
変質度：5
俺様度：8

海の大神という権力者なのでモテるのは当然だが、それを鼻にかける傾向がある。

モノにしたい相手を口説かず、誘拐から入るあたり、女性の意志などまるで興味がないという本音が丸見えである。

ポセイドン

神々のドスケベストーリー

　ギリシャ神話のさまざまなエピソードをながめてみると、どうも海神ポセイドンは「女性は自分の下に組み敷かれるのが当然である」と考えているのではないか、と疑われる節がある。

　ポセイドンは筆者がそう疑いたくなるほど、女性の同意を得ずに力ずくで処女を奪い、それを悪びれない神話が多いのだ。

ドスケベエピソード　好みの女性はとりあえず強姦 しかもまったく悪びれない！

　ポセイドンは、お相手の女性の立場や意志などまったく考えず、女性の貞操を奪う。犠牲者の数は神話として現代に残されているだけでも片手の指を超える。そもそもポセイドンの正妻であるアムピトリテも、誘拐されて強引に妻にされたバージョンの神話があるほどだ。一番メジャーな神話では、アムピトリテはポセイドンの使いであるイルカの説得で結婚を承諾したことになっているが、物語は美化されるもの。実態は推して知るべしだ。

　テュロという女性を犯したときの神話で、ポセイドンの本性を知ることができる。テュロは河の神と恋人関係であり、ふたりで並んで昼寝をしていた。そこにポセイドンが襲いかかる。彼は水流となってふたりに巻き付き、河の神の動きを封じると、自分の姿を河神に変えてテュロを犯したのだ。つまり彼氏の目の前で寝取りレイプを敢行したのである。

　ひとしきり欲望を吐き出し終わると、ポセイドンはテュロに正体をバラし「立派な子が生まれる。我々の愛に喜べ」と言いはなった。ポセイドンより格下とはいえ、河の神の恋人を本人の前で犯しておいてこれである。一体どこまで傲慢なのか、そして一体どこまで自己愛が強いのか？

ドスケベエピソード　強姦被害者の壮絶人生 レイプされたショックのあまり……!?

　ポセイドンによるレイプ被害者のなかでも特に大きな精神的ダメージを受けたのは、カイニスという女性である。彼女はギリシャ中部テッサリア地方でいちばんの美人であり、処女だった。

67

数え切れないほどの求婚を受けながら、そのすべてを断ってきたカイニス
に、ヤリチンポセイドンは目をつけた。彼は海岸を散歩していたカイニスを
襲い、強引に処女を奪ってしまったのである。

　ポセイドンは存分に欲望を吐き出したあと、カイニスに、償いとして願い
を何でも叶えると伝えた。それに対するカイニスの返答は……
「二度とレイプされないよう、私を男に変えて欲しい」

　という壮絶なものだった。神が一度した約束を破るわけにもいかない。ポ
セイドンは、やむなくカイニスを男に変えたという。

ドスケベエピソード　ポセイドンの口説きに応じるともれなく不幸が待っている

　海神ポセイドンによるふたつのレイプ神話を紹介したが、ポセイドンは
常時レイプをしているわけではない。なんといっても彼は、この世界の1/3
を支配する偉大な神だし、筋肉好きの女性がほれぼれするようなたくましい
肉体の持ち主だ。きっと顔のほうも悪くなかったことだろう。まっとうに女
性にモテることも普通にあるのだ。

　しかし、ポセイドンに愛された女性には、ろくでもない運命が待っている。
ある娘はポセイドンとの密通がばれて父親に殺された。別の娘は産まれた双
子を牛小屋に捨てた。もうひとりはポセイドンとの密通が父にバレないよう、
産んだ子供を海に投げ捨てたといった具合である。

　ポセイドンと合意セックスのすえ不幸になった女性たちのなかに、神話の
有名人がいる。その名をメドゥーサという。髪の毛のかわりに蛇が生えてお
り、目で見た相手を石に変えてしまう怪物として有名な彼女だ。実は彼女が
こんな怪物に変えられてしまったのも、ポセイドンのせいなのである。

　メドゥーサは、世間で評判の美人だった。彼女はポセイドンの愛人とな
り、毎日のようにセックスに明け暮れていたのだが、逢瀬の場所が非常にま
ずかった。そこはゼウスの溺愛する処女神アテナの神殿であったのだ。

　儀式でもないのに神殿で性交するだけでも罪深いのに、よりにもよってア
テナは処女神である。激怒しないはずがない。だが相手は世界の三大神であ
るポセイドン。罰を与えるには強過ぎる相手だ。よってアテナの復讐は愛人
であるメドゥーサに行われた。アテナは美人だったメドゥーサを、よく知ら
れている醜い怪物に変えたうえ、自分の息が掛かった英雄ペルセウスに討伐
させるという、実に執拗な復讐をしたのである。

ポセイドン

ポセイドンの蛮行は神々への復讐者を生んだ

ポセイドンからレイプされたことがトラウマになり、男性に性転換してしまったカイニス。しかし彼女？（彼？）の物語はこれでは終わらない。カイニスは胸にポセイドンへの恨みを抱えたまま生き続け、神々をおびやかす恐るべき復讐者に成長してしまったのだ！

ドスケベの真相　神の偉大さを全力で否定したカイネウス

ポセイドンの力によって、男性に性転換したカイニスは、名前をカイニスの男性形であるカイネウスにあらため、戦士となった。カイネウスは性転換と同時に、ポセイドンから「決して武器で傷つかない不死身の体」を授かっており、戦士として大活躍し、あるギリシャ人一族の族長となった。

この「ラピテス族」という一族は、馬の首のかわりに人間の胴体を生やした種族「ケンタウロス」と抗争をつづけていた。カイネウスはケンタウロスたちとの戦いで大活躍し、一族の者たちに讃えられて、しだいに増長していった。そしてギリシャ神話最大のタブーを犯してしまうのだ。

あるときカイネウスは、街の広場に１本の槍を突き立て、街の人々に対して「この槍を新しい神として、ほかの神々とともに崇拝せよ」と命じた。つまりカイネウスは、**神々などただの槍１本と同じくらいの価値しかない**と言いはなったに等しい。神々はカイネウスの復讐に仰天した。

ギリシャ神話では、人間が「自分は神々よりすぐれている」と自称したり、神々の地位を軽視するような言動をとった場合、神々の手によって苛烈な罰を受けることになる。もちろんカイネウスの場合も例外ではなかった。事態を重く見た最高神ゼウスは、ケンタウロス族をけしかけてカイネウスを襲撃させたのだ。

ケンタウロスたちは雪崩をうってカイネウスに襲いかかったが、不死身のカイネウスは何度武器で攻撃しても死ぬどころか弱る気配すらない。そこで彼らはカイネウスを地中に生き埋めにしてしまったのだ。一説によると、岩や丸太を雨あられと投げ落とされたカイネウスは徐々に地下にめりこみ、そのまま死者が住む地下世界タルタロスに落とされたといわれている。

パン

我、種付けする。ゆえに我あり

> バニーガールという服装は、ウサギが性欲の強い動物だと信じられていたことから連想して生まれたものだ。このように人間が「性欲の強い動物」だと信じ込んでいるものが複数存在する。人間に性欲が強い動物だと信じられていた動物のなかに「山羊」がいる。ここで紹介する牧神パンは、その期待に存分に応える、おう盛な性欲の持ち主である。

羊飼いと音楽と種付けセックスが得意な神

　パンは、上半身が人間男性、下半身が山羊、頭に2本の山羊の角が生えているという異形の神である。神として守護しているのは「牧羊」、すなわち羊飼いや山羊飼いなのだが、神話においては、むしろ好色な神として活躍している。

　セックスのことをひとまず置いておくと、パンの特技は音楽である。歌と踊りと楽器を得手とし、特に笛を扱わせたら天下一品だった。

　なお、ギリシャ神話には、パンとほぼ同じ外見的特徴を持つ「サテュロス」という異形の種族が登場しており、両者はしばしば混同される。

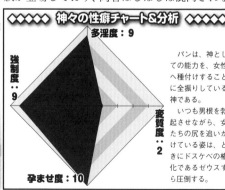

◆◆◆◆◆ 神々の性癖チャート＆分析 ◆◆◆◆◆

- 多淫度：9
- 強制度：9
- 変質度：2
- 孕ませ度：10

　パンは、神としての能力を、女性へ種付けすることに全振りしている神である。

　いつも男根を勃起させながら、女たちの尻を追いかけている姿は、ときにドスケベの権化であるゼウスすら圧倒する。

パン

神々のドスケベストーリー

　世界中の神話において、山羊は好色な動物とされることが多い。そしてパンは山羊の下半身と角を持つ神であり、彫像や絵画などではしばしば男根を強調した姿で描かれる。

　全身で「これから種付けしますよ！」とアピールしているようなパンの所業は、その外見にふさわしいドスケベなものだった。

ドスケベエピソード　自然の女精霊ニンフたちに
自慢の男根をねじ込むために！

　パンの故郷は、ギリシャ南部の高原地帯、アルカディア地方である。ここは、よく言えば自然が豊かで人々の暮らしが素朴……歯に衣着せない言い方をすれば「野蛮な土地」だった。

　土地が痩せているアルカディア地方は農耕に適さず、大きな都市はほとんどない。人々は農業ではなく牧畜で生計を立て、家畜たちと一緒に野山を駆け回っていた。そして田舎にはつきものの、豪快でダイナミックな性習慣も色濃く残っていた。具体的には、野山の気に入った場所で自由にセックスする「青姦」であり、特定のパートナーを定めずにセックスを楽しむ「乱交」が盛んに行われていたようだ。

　そんな性に奔放で自然豊かなところだけあって、パンの暴れ男根の餌食になったのは、大部分が自然の精霊であるニンフたちだった。彼は美人のニンフを見つけると手当たり次第にセックスに誘い、相手が応じなければ、しつこく追い回してレイプしてしまうのである。

　もちろん、パンのすべてのたくらみが成功するわけではなく、彼は手痛い失敗もたくさん経験している。代表的な例をふたつ紹介しよう。

　パンが、歌や踊りがとても上手な山のニンフ「エコー」に目をつけたときのこと。彼女はパンにセックスに誘われたのだが、生来の男嫌いだったエコーは、パンの誘いを断ったのだ。

　意中の相手に手ひどく振られると、顔を出してくるのは醜い男のプライドである。パンは彼女の歌が自分よりも上手なことに嫉妬を感じていたため、セックスを断られたことで愛情が憎悪に反転してしまった。そこでパンは、

71

自分の信者である羊飼いたちに命令してエコーを捕らえさせ、その肉体を八つ裂きにしてしまったという。

　別の例では、パンが目をつけたのはシュリンクスというニンフだった。彼女は野山の処女神アルテミスの熱心な信者だったため、アルテミスにならって処女を守ろうとしていたのだが、パンは彼女の事情などおかまいなしに男根をいきり勃たせたままシュリンクスを追いかけてくる。流れの速い川岸に追い詰められ、もう逃げられないと悟ったシュリンクスは、川のニンフに頼んで、自分を川辺の雑草「葦」に変えてもらった。シュリンクスの処女を奪い損ねたパンは、葦の茎を切り取ってたばね、「パーンフルート」と呼ばれる葦笛に加工して愛用したそうだ。

セックスしたら自慢したい！
救いようのない男の自尊心

　男性というのは実に救いようのない生き物で、世間で評判の美女とベッドインできた場合、相手の迷惑も考えず、自分の武勇譚をほかの男に自慢したがる性質がある。これは現代だけでなく神話の時代でも共通だったようで、パンはしばしば自分の性豪ぶりを自慢してまわっている。

　例えばギリシャ神話には、ディオニュソスという酒と狂気の神がいる。彼の周りには「マイナス」という女性信者たちがいつも付き従っているのだが、パンはこのマイナスたちとひとり残らずセックスしたと言いふらしている。史実においてもディオニュソス信仰は乱交の儀式をもっていたというから、おそらくパンはこの儀式に混ざって、入れては出し入れては出しの大立ち回りを演じたのであろう。

　そういった武勇譚のなかでも特にパンが自慢しているのが、月の女神セレネとのセックスだった。セレネは大変な美人で、複数の男性と夜をともにした神話を持つ、比較的"尻軽"な女神だが、イケメン以外は見向きもしない面食いな性格でもある。一方パンは、生まれた直後にその異形ぶりと醜さから母親に捨てられた経歴の持ち主である。面食いのセレネとは縁遠いはずのパンが思いを遂げられたのは、彼の策略が成功したからだ。

　パンはセレネを犯すため、真っ白でふわふわの羊毛を調達し、羊毛にくるまって自分の黒っぽく汚い毛皮を隠した。きれいでふわふわなものは、モフモフしたくなるのが人情というもの。セレネは羊毛をモフるために無防備に抱きつき、中からあらわれたパンにまんまと犯されてしまったのだ。

パン

ガンガン種付けしないと要らない子にされてしまう！

　ギリシャ神話の神々の世界は競争社会である。人間に大きな利益をもたらす神が多くの信者を集め、信者を失った神は淘汰され消滅してしまう。パンがひたすら女子の尻を追いかけて種付けセックスばかりしているのは、信者のニーズにあわせた営業活動だと言ってよい。

ドスケベの真相　牧畜神の役目は、家畜の数を増やすこと

　つい100年ほど前まで、世界人口の過半数は農民だった。農民にとっての最大の財産は農地である。農地と種さえあれば、いくらでも穀物を生産して生きる糧を得ることができるからだ。

　一方で、パンを信仰していたアルカディア地方の牧畜民たちにとって、最大の財産は土地ではなく、家畜だった。家畜をたくさん飼っていれば、その母乳を日々の糧として得ることができるし、家畜を屠殺して肉や血液、骨、腱、毛皮などの資源を得ることができるからだ。よって牧畜民は、個人の経済力を所有する家畜の数で判断するし、娘を嫁入りさせるときは結納品として家畜を分け与えるのである。

　となると、牧畜民が神に祈るのは「所有している家畜の安全」と「家畜がたくさん増えること」ということになる。そのため牧畜民の守護神は、種付けと孕ませの守護神でなければならないのだ。神話においてパンが常に男根を勃起させ、女性の尻を追いかけて種付けしているのは、「これだけ性欲おう盛な神様なら、我が家の家畜もきちんと孕ませてくれるに違いない」という効果を狙ったものなのである。

　実際、パンの信者たちの、自分が信仰する神への扱いは、とてもパンを自分たちの守護神として敬っているようには見えない。彼らは狩猟がうまくいかなかったり、家畜が子供を産まないと、パンの神像を草でひっぱたいて、牧畜の守護神としての仕事を果たさないパンを罵倒したそうだ。

　これでは、どちらが上の立場にあるのかのかわかったものではない。ギリシャにおける神々の信者獲得競争はそれほど激しく、そして人間の欲深さは底知れないのであった。

テセウス

英雄は、美女を力ずくでゲットする！

Rape Gods 強姦魔の神

テセウスは迷宮の怪物ミノタウロス退治などで知られる、アテナイを代表する英雄である。ドーリス系（スパルタ周辺に居住した人々）の英雄ヘラクレスに対抗して、アテナイ周辺ではテセウスの英雄譚が数多く作られた。

都市国家を築いた賢王として語られることが多いが、神話には美女を力ずくで攫ってきては捨てるというエピソードも多い。

都市国家アテナイを築いた偉大なる英雄

アテナイ王アイゲウスとトロイゼーン王ピッテウスの娘アイトラとの子とされる。ただし父親を海神ポセイドンとする伝承もある。

幼少期は自分が王子と知らされずに育てられ、16歳になったときに父親に認めてもらうためにアテナイへと向かった。旅立ちのあとは数々の武勲を上げ、また王位を狙う親族との戦いにも勝利してアテナイ王となった。通説では『アテナイ』の地名を付けたのもテセウスということである。

即位したのちはアテナイ周辺の村や町を次々に統合、一大国家を築いたとされている。

◆◆◆◆◆ 神々の性癖チャート&分析 ◆◆◆◆◆

- 多淫度：7
- 強制度：6
- 変質度：1
- 景品度：9

テセウスにとって、美女とはゲームの景品のようなものである。手に入れる過程が楽しく、手に入れたあとはセックスで楽しめる。そして飽きたらポイ捨てしてしまう。現代人の価値観では女の敵としか言い様がない。

テセウス

神々のドスケベストーリー

テセウスにまつわる物語はおおむね3つに分けることができるだろう。

16歳で旅立ち、さまざまな武勲を上げて王位を継承するまでの物語。アテナイ王としての冒険や遠征の物語。そして晩年の失墜である。

いずれの物語にも美女が登場するものの、彼は女性を力ずくで奪い、裏切りあるいは裏切られ、幸せな結婚生活を送ることはできなかった。

ドスケベエピソード　知恵を駆使してミノタウロスを退治、ただし王女は飽きたらポイ捨て

テセウスの神話でもっとも有名なのはミノタウロス退治である。

テセウスが父親であるアテナイ王アイゲウスと対面を果たしたとき、都市国家アテナイは、クレタ王ミノスとの戦争に負けたことで、定期的に若者を半人半牛の怪物ミノタウロスの生贄として差し出すように強要されていた。テセウスはみずから志願して、生贄のひとりとしてクレタ島に赴く。

ミノタウロスが閉じ込められているのは巨大な迷宮で、生贄は彷徨って飢え死ぬかミノタウロスに食われるかのどちらかだった。しかし彼は、ミノス王の娘アリアドネに一目惚れされ、迷宮を生き延びるための知恵を授けられた。これだからイケメンというのは得である。

テセウスはアリアドネに教えられたとおりに糸玉の端を迷宮の入り口に結びつけ、糸を少しずつ伸ばしながら迷宮の奥へと進んでいった。そして同じくアリアドネから渡された短剣で、みごとミノタウロスを倒したのだった。

そのあと、テセウスはアリアドネも連れてクレタ島から脱出した。しかし命の恩人でもあるアリアドネを、テセウスは途中で立ち寄ったナクソス島に置き去りにしてしまう。この理由は諸説あるが、テセウスがなぜか魔法にかかってアリアドネのことを忘れてしまった、あるいはテセウスがアリアドネに飽きた、別の娘が好きになったので裏切って置き去りにした、などの説がある。

テセウスにとって誤算だったのは、父の死であった。彼はクレタ島への出発時、「無事だったら船に白い帆を掲げるよ。死んでたら黒い帆にする」と約束していたのだが、間違えて黒い帆で帰ったので、父王はショックを受けて自殺してしまった。息子テセウスに、いきなり王位が転がり込んできたのだ。

75

ドスケベエピソード　アマゾンの女王もゲット、しかしまたもヤリ捨て

　父王の死という不幸はあったものの、テセウスはアテナイの王として、周囲の多くの村や街を統合して一大国家を築き上げていった。

　あるときは英雄ヘラクレスとともに、女戦士だけの種族アマゾネスの国まで遠征し、アマゾネスの女王アンティオペ（メラニッペ、あるいはヒッポリュテとする説もある）を攫ってアテナイまで連れ去った。

　テセウスはこのアンティオペに息子ヒッポリュトスまで産ませておきながら、のちに彼女を無視してミノス王の娘（アリアドネの姉妹）パイドラと結婚した。そのためアンティオペは激しく怒り、パイドラとの結婚式に兵を引き連れて押し寄せてきたが、テセウスに返り討ちにされて死んだのだった。

　このパイドラも後年、義理の息子ヒッポリュトスに恋をした挙句に死に追いやり、パイドラ自身も自殺。とことん関わる女を不幸にする男である。

ドスケベエピソード　美女をゲーム感覚で獲得……ならず、そして英雄のあっけない最期

　妻パイドラが亡くなると、テセウスは親友ペイリトオスと「ふたりで、お互いに相応しい美女を奪いにいこう」と、またも誘拐レイプの悪巧みをする。

　ふたりはまず都市国家スパルタに侵入して、スパルタ王の娘でまだ10歳のヘレネ（のちにトロイア戦争の火種となる絶世の美女）を奪ってきた。くじ引きをした結果、ヘレネはもう少し成長したらテセウスが妻とすることになった。続いてペイリトオスの妻となる美女を略奪することになったが、ふたりはここでターゲットとして、ゼウスと豊穣の女神デメテルの娘にして、冥府の王ハデスの妻ペルセポネを選んだ。おい、なぜわざわざ厄ネタを選ぶのか。

　案の定ふたりは、冥府に降りてそこにあった椅子に腰掛けたとたん、地上での出来事をすっかり忘れてしまった。冥界神ハデスの呪いである。のちにテセウスだけは英雄ヘラクレスに助け出されたものの、彼の留守中にアテナイの国は、ヘレネを取り戻しに来た彼女の兄弟に蹂躙されており、アテナイ市民は街を危機に陥れたテセウスを、もはや王とは認めなかった。

　アテナイを追われたテセウスはスキュロス島に亡命したが、その地の王リュコメデスは「いずれテセウスに王位を奪われるのではないか」と恐れ、彼を崖から突き落として殺害した。英雄の最期は、かくもあっけないものだった。

テセウス

古代ギリシャでは、女性は『市民』ではなかった

テセウスの神話では、女性はモノのように扱われている。なぜなら当時のギリシャでは戦争が絶えず、戦いで命をかける男たちの発言力が高くなり、そのぶん女性たちの地位が低かったからだ。テセウスのように女性を扱っても、悪いイメージがつかないほど、女性軽視の社会だったのである。

ドスケベの真相 ギリシャ女性の結婚と自立

古代ギリシャでは女性の権利は制限されており、高額の金銭契約を行うときに男性の後見人（父親、夫など）が必須であるなど、自立して生活することはできなかった。無論、結婚相手を選ぶ自由など望むべくもない。

結婚するとき、女性は嫁資（結婚持参金）を持たされるのが通例だった。この金は夫も使うことができたが、もし離婚するときは全額返還しなければならない。つまり夫が嫁資を使い込んでいた場合、妻が気に食わないからといって強引に追い出すことはできない。嫁資は嫁ぎ先で立場の弱い女性を守るためのシステムでもあったのだ。ただし金額について特に決まりはなく、貧しい家の娘は嫁資なしで嫁がされることも多かったようだ。

当時の女性の役割は、優れた戦士を「産む機械」だった。だが子供が強い戦士になれば、その母には一定の敬意が払われていた。息子を優れた兵士に育てあげたという前提において、民主制が発達したアテナイよりも軍事色が強いスパルタの方が、皮肉にも女性は自由に活動できていたようだ。

ドスケベの真相 女たちのセックス・ストライキ

紀元前4世紀ごろの詩人アリストファネスは『女の平和』という喜劇を書いた。この物語において、アテナイとスパルタの両都市の女たちは、戦争に明け暮れる男たちを止めるべく結託して、夫とのセックスを拒絶するセックス・ストライキを起こす。男たちはやがてセックスなしの生活に我慢できなくなり、渋々敵国と和平を結ぶのだった。

演劇の世界には、こうした女性主導の痛快な物語も存在した。ただ、これはあくまで作り話であり、実際の出来事ではないと考えられている。

オーディン
最高神ところ変わればストーカー

北欧神話の最高神であるオーディンは、世界の破滅を回避すべく、戦力を集め知識を求め、時には謀略や裏切りもいとわない。最強ではないが最高位に立つ指導者で、戦いとなれば最前線で戦う勇敢な戦士でもある。

彼はこのように偉大な神なのだが、ある文献においては、性的に非常に情けない、ろくでもない姿を見せているのだ。

破滅の運命に立ち向かう隠者のような最高神

北欧神話の初期の形態を伝える文章群『エッダ』において、オーディンは最高神として扱われている。人間界におけるその外見は「長いヒゲをたくわえた、隻眼の老人」で、服装は「つばの広い帽子に青っぽい灰色のマント、手には必中の槍グングニルを握る」といういで立ちである。

もう一方のオーディンの姿が見られる『デンマーク人の事績』における、その外見は定かではない。だが少なくとも「魔術に長けた狡猾な老人だが、外見は（おそらく魔術によって）変幻自在」ということはうかがえる。

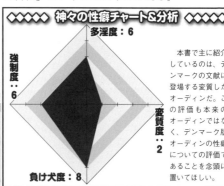

◆◆◆◆◆ 神々の性癖チャート&分析 ◆◆◆◆◆

多淫度：6
強制度：6
変質度：2
負け犬度：8

本書で主に紹介しているのは、デンマークの文献に登場する変質したオーディンだ。この評価も本来のオーディンではなく、デンマーク版オーディンの性癖についての評価であることを念頭に置いてほしい。

オーディン

神々のドスケベストーリー

このページで紹介するふたりのオーディンは、根っこの部分は同一人物である。だがふたつの物語を読み比べてみると、とても同一人物とは思えないほどの違いがある。何はともあれ、まずは北欧神話の原典『エッダ』におけるオーディンを簡単に紹介したあと、『デンマーク人の事績』におけるオーディン……不完全な神「オティヌス」の物語を紹介していこう。

ドスケベエピソード　北欧神話の原典では愛人や妹を含めて4人の妻

まずは大元となる『エッダ』のオーディンから紹介していこう。彼の正妻はフリッグという女神だが、フリッグ以外にも、娘であり妻でもあるヨルズや、愛人を囲っていた。名前が出ているのはグリーズルという巨人族の女、リンドという女神の2柱で、このほかにも複数の女性に子供を産ませている。『エッダ』のオーディンは神々からの尊敬を集める存在で、それは多くの女性たちを円満に囲っていることからも読み取ることができる。

ドスケベエピソード　最高神も所変われば執念深いストーカー

12世紀に書かれたデンマークの歴史書『デンマーク人の事績』には、オーディンが「オティヌス」という名前で登場する。だが、その扱いは酷いものだ。彼の登場する章の冒頭からして「そのころ、オティヌスというものが全ヨーロッパで誤って神とみなされていたのだが」「不完全な神は一般に人間の助力を必要とする」などと、神性を全否定するところから入る始末。

ともかくオティヌスは、ある予言を受けて人間界での行動を開始した。オティヌスは兄の仇討ちを果たす息子を授かるが、その子を産むのはロシア王の娘リンダである、というのだ。つまるところ兄の仇を討つためには、王の娘として厳重に警備されているであろうリンダを孕ませなければいけないのだ。

オティヌスは正体を隠してリンダに接近し、口説き落として予言を達成しようと考えた。まずはオティヌスは戦士として武勲を積み重ね、ロシア王のお気に入りになった。将を射んとすればまず馬を射よ、である。王の応援を

79

受けつつリンダにキスを迫ったオティヌスだが、リンダに平手打ちを喰らってしまう。どうやらオティヌスは、有能さ以外の魅力が欠けているようだ。

　脳筋はダメだ。やはり求められるのは男の甲斐性だろう。オティヌスが選んだ次の身分は、外国人鍛冶師だった。すばらしい鍛冶仕事からまた王に気に入られ、リンダに装飾具を渡せるまでに至ったが、指輪を差し出しキスを求めたオティヌスを、リンダはまたも平手打ちにした。

　もしかして筋肉がダメなのか？　それならインテリだ。オティヌスはまたまた姿を変え、自分を熟練の名軍師として売り込んだ。王に気に入られたオティヌスは、リンダへ強引にキスを迫るが、またも手ひどくはねつけられ、地面にアゴをぶつけてしまった。実はリンダ、この狡猾な老人が自身の貞操を狙っていると気づいていた。そのうえリンダは、彼を酷く嫌っていたのだ。

それでも老人は諦めない
最後は無理やり想いを遂げる

ドスケベ
エピソード

Rape Gods
強姦魔の神

　もはや、かかっているのは美女とのセックスでも兄の仇討ちでもなく、オティヌスの神としてのプライドである。

　オティヌスは最後の手段に挑む。彼は女性医師に姿を変えて王の前にあらわれた。王は彼女（正体は男だが！）のすばらしい医術を気に入り、リンダのお付き医師に任命したのだ。オティヌスが変装したままリンダを甲斐甲斐しく世話していると、想いを遂げるチャンスはすぐに訪れた。リンダは間もなく病気になり、王とリンダはその治療を求めたのだ。

　オティヌスは王に「病気に効く薬は非常に苦く、縛り付けなければリンダは治療に耐えられないだろう」と進言する。王は女医の意見を認め、リンダをベッドに縛り付けさせて、女医オティヌスに後を任せた。任せてしまった。

　あれだけツンケンと自身を拒否し続けてきたリンダが、病気で息も絶え絶え、さらに拘束されて動けなくなっている。もう我慢の限界だ！　オティヌスは治療をそっちのけにして本性をあらわし、男根をいきり立たせてリンダへ陵辱の限りを尽くした。こうしてオティヌスは予言を達成し、リンダはオティヌスの子を孕み、産むことになったのである。

　満足したオティヌスであったが、その行動を見た神々は、オティヌスが神の威厳を汚したと判断。彼を神々の世界から追放した。当然の報いといえよう。そのあとオティヌスは贖罪を重ねて神としての地位を回復したが、リンダに行った蛮行の数々は、終生彼の汚点としてついて回ったという。

80

オーディン

オティヌスのエピソードは偉大な神を貶めるための物語

　北欧神話の偉大な最高神オーディンが、後世にまとめられた歴史書では非常に情けない不完全な神どころか、神の威厳を汚した強姦犯として描かれている。なぜ偉大な神を矮小な存在として描いたのか？　歴史書をつづった人々に何らかの思惑があった、と見て間違いない。

ドスケベの真相　『デンマーク人の事績』の著者はキリスト教徒

　『デンマーク人の事績』の著者、サクソ・グラマティクスは中世デンマークの歴史家とされている。だが生涯や人物像に謎が多く、確実なのは「デンマークの大司教の下で働いていた」ことくらいだ。ここから歴史家というよりは、いち聖職者に過ぎなかったのでは、という説もある。

　先述したとおり、この『デンマーク人の事績』において、オティヌス（オーディンのラテン語読み）は「そのころ、オティヌスというものが全ヨーロッパで誤って神とみなされていたのだが～」などと、その神性を完全に否定されている。それどころかリンダの件のように「狡猾な性欲の強い老人で、女性につきまとい陵辱したことから追放の罰を受けた」という、とても北欧神話の最高神とは思えない扱われ方だ。

　北欧神話の神は絶対的な力を持つ存在で、人間の上に立ち導く強者である。だが『デンマーク人の事績』における北欧神話の神々は、人間を相手にして敗北を喫することすらある。この理由として考えられるのは、著者サクソが異教の神を「悪魔」と呼んで弾圧した歴史を持つカトリック……「キリスト教」の信者であったことと、何らかの関係があると見て間違いない。キリスト教徒が土着の神を悪魔に変え、キリスト教の聖人に討伐させる物語を作り、改宗を勧める道具として扱った実例はほかにもあるからだ。

オーディンは、長いヒゲをたくわえた隻眼の老人の姿をもって人間界に現れる。スウェーデンの画家ゲオルク・フォン・ローゼン画。19世紀。

エンリル

どうして!? 正体隠して嫁を犯した神

ここまでの神々のドスケベエピソードは、どれも神々の「男の性欲」にもとづくものだった。多くの女性とセックスしまくるのも、女性を力づくでモノにするのも、すべて「ヤリたい」「落としたい」「孕ませたい」という本能的な行動といえる。だがエンリルは違う。いったいなぜこのようなセックスをしたのか、合理的な説明ができないのである。

メソポタミアの神界を畏怖と激情で支配する

エンリルは、現在のイラク南東部で伝承されていた「シュメール神話」の最高神である。本来の最高神はアンという神だったのだが、この神は隠居して役目を退いてしまったので、エンリルが二代目最高神として君臨している。

エンリルは風の神だが、その姿が描かれることは少ない。彼は体全体から「メラム」という畏怖の光を放っているため、神々ですらその姿を視認することは難しいのだ。性格は短気で激情家。最高神という立場にもかかわらず、多くの問題を引き起こすトラブルメーカーだった。

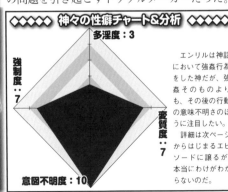

神々の性癖チャート&分析

多淫度：3
強制度：7
変質度：7
意図不明度：10

エンリルは神話において強姦行為をした神だが、強姦そのものよりも、その後の行動の意味不明さのほうに注目したい。詳細は次ページからはじまるエピソードに譲るが、本当にわけがわからないのだ。

エンリル

神々のドスケベストーリー

　本書では世界の神々のさまざまな性的活動を取り扱っているが、このエンリルの行動はそのなかでも「何のためにこんなことをしたのかわからない」という部分において右に出る者がない。

　この意味不明さを読者のみなさんと共有するには、原典の神話をそのまま紹介するしかないだろう。ぜひ最後までお付き合いいただきたい。

ドスケベエピソード　連れ込みレイプ！野獣と化したドスケベ最高神

　これから紹介する神話は、現在のイラク南東部シュメール地方で伝承されていた「シュメール神話」の一節、『エンリル神とニンリル女神』である。物語の序盤には意味不明な点はほとんどない。他の神話にも見られる、レイプを伴う神々のセックスを説明した内容になっている。

　穀物の女神ヌンバルシェグヌが、娘である女神ニンリルに警告をするところから物語は始まる。母が言うには……

「河で水浴びをしたり、運河の土手をふらついてはいけませんよ。風の神エンリルがやってきて、あなたをレイプして逃げ出すのですから！」

　仮にも最高神に対してひどい言い様である。しかしこの母神の言うことには根拠がある。このエンリルという神は、自分の両親である天空神アンと大地母神キの仲を引き裂き、実母であるキを寝取ったという前科があるからだ。エンリルの過去の所業は神々のあいだに知れ渡っていたのだろう。

（アンとキの関係は、38ページで紹介したエジプトの「ゲブ」の神話とそっくりなのでご覧いただきたい）

　母親からの愛情あふれる警告にもかかわらず、美しい娘ニンリルは河で水浴びをし、土手をのんびり散歩していた。当然、神々がいうところの強姦魔エンリルがこれを見逃すはずがない。開口一番「ニンリルちゃん、セックスしよう！」と、キモさ満点の口説きを繰り出してきたエンリルに対して、美少女ニンリルは「でも私処女だし、ファーストキスもまだなんだよね」と、断っているのか挑発しているのかわからない返事をしてしまう。この言葉に性欲を暴走させたエンリルは、船にニンリルを連れ込んで種付けを敢行。初弾必

83

中でニンリルを妊娠させてしまったのだ。

　神話には、このときのニンリルの反応がまったく書かれていないため、ニンリルが実は危険な男エンリルとのセックスにときめいていたのか、そんな気はなくてレイプされたのかは判然としない。だがどちらにしてもシュメール地方の常識では、セックスは夫婦でおこなうものであり、正式な妻でもないのに女の子を犯すのは強姦という扱いになる。神々はエンリルを逮捕して裁判にかけ、都市からの追放刑を与えることになった。

ドスケベエピソード　ヤリ捨てた嫁と正体隠して子作りセックス!?

　さて、このあたりから神話の雲行きが怪しくなってくる。まず、ニンリルが一連の流れをどう思っているのかが謎なのだ。彼女はエンリルが都市を追放されたことを知ると、胎内にエンリルの子である月神を孕んだまま、都市を離れて冥界を目指すエンリルのあとを追いだしたのである。

　ニンリルはエンリルのあとを追い、都市の門番に「エンリルはどこに行ったの？」とたずねる。実はこの都市の門番、本物を追い出してエンリルが変装しているのだが、ニンリルはそれに気付かない。

「私はあの人の子供を妊娠してるの。エンリルに会わせて」と、ヤリ逃げされた女の子丸出しで（エンリルが化けた）門番に訴えるニンリル。するとここで門番（エンリル）が意外な行動に出る。ニンリルを口説き始めたのだ。

「お嬢さんの子供は月の神だから天に上がることができるけど、そのためには代わりに地下に行く神が必要です。私が孕ませてあげましょう」

　……お前はいったい何を言っているんだ。

　ついつい筆者の素がでてしまったが、神話はさらに意味不明な展開を見せる。なんとニンリル、この口説きに乗って得体の知れない門番のペニスを受け入れ、新しい子供を孕んでしまったのである。

　一体ニンリルは何を考えているのか？　なぜ行きずりの男と生セックスをするのか。気持ちよければ誰が相手でもいいのか？　だがそれならばなぜエンリルを追いかけたのか？　疑問が疑問を呼ぶ展開だが、神話の原典は何も答えてくれない。それどころかニンリルとエンリルはさらなる奇行に出る。エンリルは冥界の川の管理人や、船の渡し守に変身してニンリルの前にあらわれ、ニンリルはそのたびに変装したエンリルの口車に乗って子作りセックスをし、新しい神を妊娠したのだ。もうわけがわからないよ！

エンリル

冥界神の出自説明のために作られた神話……なのか？

　この『エンリル神とニンリル女神』の神話が何を意味しているのかは、学界においても定説がない。シュメール神話が専門の岡田明子博士、小林登志子研究員の共著『シュメル神話の世界』（中公新書）では、この神話の意義について、解釈のひとつを紹介している。

ドスケベの真相　神の出自説明と法律の周知が目的か

　メソポタミアの神話では、英雄や神々が冥界に行くエピソードがしばしば登場する。だが、メソポタミアでは、冥界は神々といえど気軽に出入りできる場所ではない。なんらかの対価を支払わなければ地上に戻れないのだ。

　ここで注目すべきは、門番に化けたエンリルのセリフである。

「お嬢さんの子供は月の神だから天に上がることができるけど、そのためには代わりに地下に行く神が必要です。私が孕ませてあげましょう」

　この時点でニンリルは、地上世界と冥界の境目まで来てしまっていた、と『シュメル神話の世界』の著者陣は考えている。ニンリルの子供は月の神なので天に帰らなければいけないが、そのためには月神のかわりに冥界に堕ちる身代わりの神が必要なのである。そのためニンリルは、男と交って3柱の神を産み、それらを身代わりに冥界に落とすことで、月の神を本来あるべき天上に返したのではないか、というのだ。

　もうひとつの疑問は、最高神であるエンリルがレイプをして冥界に落とされたのはなぜか、ということである。

　古代メソポタミアは、「目には目を」で有名なハムラビ法典に代表されるように、法律が発展した社会だった。エピソードでも紹介したが、メソポタミアでは結婚とは親の了解のもとおこなわれるもので、合意無くセックスすれば本人たちに同意があっても強姦罪となり、厳しい処罰を受ける。

　そこで人々は、この法律の重要性を強調するために神話を作ったのではないか。たとえ偉大な最高神エンリルであっても、娘を強姦すれば都市追放の重罪になるのだから、法律を守ろうと教えたのではないか？　『シュメル神話の世界』ではこの説を、いくつかの推測のひとつとして紹介している。

オオモノヌシ

女性器発見！体ごと突っ込め―!!

女性を口説かずにモノにするには、どういう方法があるだろうか？ この章で紹介した神々はさまざまな方法を示してくれた。拉致監禁は当たり前。脅迫したり、寝込みを襲う方法もある。男の侵入を防ぐ分厚い壁は、ゼウスのように変身してすり抜ければいい。

このページで紹介するのは、無防備な女性を奇襲して思いを遂げた神話の持ち主だ。

この神を山に祭れば すべてがうまくいく

オオモノヌシは、奈良県中部、奈良盆地の南東に位置する三輪山をご神体とする神である。神としての正体は蛇だが、神話には基本的に人間男性の姿であらわれる。

『古事記』によれば、国造りの神であるオオクニヌシが相棒を失って途方に暮れていたとき、この神が海の向こうからあらわれ、自分を東の山に祭れば国造りはうまくいくと教えた。言うとおりにしてみると国造りはスムーズに進んだという。

つまりオオモノヌシは、オオクニヌシが作りあげた国を守る、国家の守護神なのである。

◆◆◆◆◆ 神々の性癖チャート&分析 ◆◆◆◆◆

多淫度：3
強制度：7
変質度：7
スカトロ度：9

排便中の女性の性器に飛び込むという、手段を選ばないのにもほどがある蛮行に敬意を表し、強制度だけでなく変質度と自由項目にも高い評価をつけさせてもらった。しかも排便直後の女性を口説くとは……。

オオモノヌシ

神々のドスケベストーリー

　オオモノヌシが女性と交わった話は『古事記』に2種類紹介されているが、どちらも文化的に大変特色のある物語となっている。

　ここからはオオモノヌシのセックスにまつわる神話を、『古事記』以前の日本の習俗の解説とあわせて紹介していこう。読者のみなさんにも、きっと驚いてもらえることを確信している。

ドスケベエピソード　とりあえず初手は夜這いで！正体隠して毎晩セックス

　奈良県中部、奈良盆地の南東に位置する桜井市に、三輪山という山がある。「三輪素麺」の産地として名前を聞いたことがある人もいるかもしれない。この三輪山のふもとが、神話の舞台である。

　三輪山のふもとには、イクタマヨリビメという評判の美人が住んでいた。ある日の夜、彼女のもとに、突然若い男がおとずれた。容姿は美しく、放つ威厳はひと目でただ者ではないことがわかるほど。イクタマヨリビメは正体もわからないこの男を受け入れた。そのあと、男は毎晩イクタマヨリビメの寝床に忍び込むようになり、そのうち彼女は妊娠する。

　イクタマヨリビメの両親は、処女だったはずの娘がいつのまにか妊娠していたことに驚いた。娘に聞いてみれば、心当たりはあるが、相手が何者かはまったくわからないという。娘を孕ませたのが誰なのかは重要なことだ。両親は彼女に「その男性が次に来て帰るとき、服のすそに長い麻糸を縫い付けなさい」と命じる。イクタマヨリビメが言われたとおりにした翌日の朝、両親が糸をたどってみると、糸は彼女の部屋の鍵穴を通り抜けて、三輪山まで続いていた。こうして彼女の両親は、自分の娘が三輪山の神であるオオモノヌシに見初められたことを知ったのだという。

　男性が毎日女性のもとに通ってセックスに励むというと反社会的な匂いを感じるが、実はこの形式の結婚は珍しいものではない。平安時代ごろまで、高貴な家では自分の娘をほかの家に嫁がせることはめったになかった。この結婚形式のことを「妻問婚」と呼んでおり、有名な小説『源氏物語』でも、主人公の光の君が、妻のもとに足繁く通う様子が描かれている。

87

おトイレタイムは強姦チャンス！丸出し×××にダイブせよ！

　さて、前のページではオオモノヌシの夜這いライフを紹介したわけだが、このページではいよいよ本題、オオモノヌシが犯したレイプ事件を『古事記』から紹介していこう。

　摂津国（現在の大阪府北中部）に、セヤダタラヒメという評判の美女がいた。オオモノヌシは彼女のことを一目見て、その美しさに惚れ込んでしまい、なんとかモノにしたいと策を巡らせ、奇襲レイプ作戦を立案した。人間に尊敬されている神なのだから正面から口説きにいけばいいと思うのだが、彼はなぜか女性を口説こうとしないのだ。

　オオモノヌシは、女性がもっとも無防備になる瞬間を狙って思いを遂げることにした。それはトイレのときである！　この時代のトイレというのは、川岸から川の上にかぶさるように小屋が建てられていて、小屋の床には穴が空いている。そこから大便や小便を直接川に垂れ流すという仕組みである。

　セヤダタラヒメがトイレでうんちをするためにしゃがみ込んだ瞬間、オオモノヌシが動いた。真っ赤な朱塗りの矢に変身し、川の上流から彼女の真下めがけて流されていった。そして上からぽとぽととセヤダタラヒメのうんちが落ちてくる場所を見つけると、矢の姿のまま水面から飛び上がり、丸出しになっていた彼女の女性器に、ブスリと自身を突き立てたのだ！

　驚いたのはセヤダタラヒメである。いきなり川から何かが飛び出してきて、自分の女性器に刺さったのだから当然だろう。彼女はあわててその「刺さったもの」を引き抜き、床に置いてみたところ、矢はたちまちイケメン男性の姿に変わった。もちろんご存じ、オオモノヌシである。ふたりはその場で恋に落ち、セックスをして子供を作ったという。レイプから始まる恋もある、というところだろうか。

　トイレで大を済ませたばかりの女性にプロポーズし、女性のほうもそれを受け入れるとは……オオモノヌシが「レベルが高い」のはもちろんのこと、セヤダタラヒメの肝の据わりようもたいしたものである。神話にこういったツッコミを入れるのは無粋かもしれないが、もしかしてふたりとも"そっちの気"があったのだろうか？

　なお『古事記』には、セヤダタラヒメがオオモノヌシとセックスをする前に、彼女がきちんとお尻を拭いたのかどうかは記録されていない。

オオモノヌシ

日本の女神の女性器は生命力そのものだ!

　オオモノヌシは、美女の女性器に頭から突き刺さることでプロポーズするという、あまりにダイナミック過ぎる神話の持ち主だ。女性器は『古事記』では「女陰（ほと）」と書くのだが、日本神話には女陰にまつわるトラブルが、ほかの神話に比べて妙に多いようなのだ。

ドスケベの真相　生命力の源は、弱点にもなる

　女性の「産む力」は生命の神秘であり、世界中で信仰の対象になってきた。世界中の神話に登場する大地母神が、産む力の神格化としてもっとも普遍的でわかりやすい例だといえよう。日本の神話においても「オオゲツヒメ」という女神が命を落としたとき、その女陰からは「麦」が生まれて、以来、人々の食料として利用されるようになったという。

　日本神話における女陰の特色は、女陰が「産む力」以外の形でも特別な事件の原因になっていることだ。それは神々の「弱点」である。神は基本的に死なないのだが、女陰に深刻な傷を受けた場合、命を落としてしまう。

　最初に女陰トラブルに見舞われたのは、日本の国土を作った夫婦神の片割れ、イザナミである。彼女は夫イザナミと交わって子供を産んだときに、全身が炎に包まれたヒノカグツチという神を出産し、そのとき女陰に深刻な火傷を負い、病気を併発し死んでしまった。

　また「女陰を棒状のもので突いた結果死亡した」女神もいる。ひとりは90ページ、スサノオの神話で紹介したワカヒルメである。もうひとりは、なんとこのオオモノヌシの関係者で、7代天皇「孝霊天皇」の娘、モモソヒメという。彼女はオオモノヌシが夜這いしている現地妻のひとりだったが、夜だけでなく昼もオオモノヌシに会いたいと要求し、その正体(小さな蛇だった) を見て驚き叫んでしまう。

　みずからの姿を恥じてオオモノヌシは去り、モモソヒメは自分のせいで夫に恥をかかせてしまったとショックを受け、その場に座り込んでしまう。そのとき、地面に刺さっていた箸が彼女の女陰に突き刺さってしまい、モモソヒメは亡くなったという伝承が残されている。

スサノオ

有罪？ 無罪？ 疑惑の容疑者

日本神話の主要神であるスサノオには、クシナダヒメ、カムオオイチヒメ、サミラヒメという3人の妻がいる。

しかし彼が「強姦魔の神」の章に紹介されているのは、複数の妻を持つからではない。神話の原典では性的な事件とは無縁なように描かれているスサノオだが、実はレイプ事件の主犯ではないかと疑われているのだ。

日本の大海原を統治した二面性を持つ荒ぶる男神

スサノオは日本神話の男神である。海原の神とされているが、海での活躍は少なく、最高神である太陽の女神アマテラスの弟として、また地上において怪物を退治する英雄神としての活躍が広く知られている。

『古事記』など日本の神話は、日本各地で伝承されていた複数の神話を寄せ集めたものなので、神話ごとにスサノオの性格は大きく異なる。アマテラスが主役の神話においては手のつけられない暴れん坊だが、スサノオが主役の神話では頼れる男として描写される。

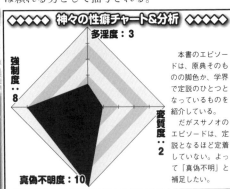

◆◆◆◆◆ 神々の性癖チャート＆分析 ◆◆◆◆◆

多淫度：3
強制度：8
変質度：2
真偽不明度：10

本書のエピソードは、原典そのものの脚色か、学界で定説のひとつとなっているものを紹介している。

だがスサノオのエピソードは、定説となるほど定着していない。よって「真偽不明」と補足したい。

スサノオ

神々のドスケベストーリー

　ここから紹介するエピソードでは、日本神話で語られているスサノオの物語を、2種類の視点から読んでいただきたいと思う。

　まず最初に『古事記』に書かれている、原典の神話を説明する。

　そして次に、『古事記』で紹介されている神話は、本当はこのような意味なのではないか、という推測にもとづいた物語を紹介していこう。

ドスケベエピソード　本来の『古事記』では……　乱暴スサノオの傷害致死事件

　まずは、日本最古の神話集である『古事記』から、スサノオが起こしてしまった神界の重大事件を紹介していこう。

　日本の最高神アマテラスの弟であるスサノオは、地上世界の統治を任されていた。しかしスサノオは役目を果たさず、死者の世界「黄泉」にいる母親に会いたいと泣きわめくばかり。スサノオはマザコンだったのである。

　スサノオの泣き声があまりにうるさく、地上に住む者たちの心が安まらないので、アマテラスは本人の望み通りスサノオを黄泉に追放することにした。スサノオは黄泉への出発前に天界に昇ってアマテラスに挨拶することにしたのだが、ここで事件が起きてしまう。

　スサノオは神殿に大便をまき散らしたり、神々の耕す田んぼを壊したりと暴れ放題。最初のうちはアマテラスも何かと言い訳をして弟の"やんちゃ"を許していたのだが、事態は神様の死亡事故に発展してしまう。神々の布を織る機織り小屋に、なぜそんなことをしたのかは不明ながら、スサノオが「生きたまま皮をはいだ馬」を投げ込んだのだ。それに驚いた機織り娘のひとりが機織り機から転落し、「梭」という細長い棒状の機織り道具を「女性器」に突き刺して死んでしまったのである。

　これと同じ事件を紹介したと思われる記述が、『古事記』と同時期に編集された歴史書『日本書紀』にも見られる。『日本書紀』の記述では、「梭」で体を傷つけて死んでしまった女性の名前は「ワカヒルメ」と記述されている。ワカヒルメとは漢字で「稚日女」と書き、若く瑞々しい太陽の女神、という意味になる。

91

事件の実態は「近親レイプ」だったのかもしれない!?

ここまでは『古事記』と『日本書紀』の原典に書かれていた記述をそのまま紹介してきた。だが、神話に書かれているできごとを、そのまま事実として受け止めるのは正しくない場合もある。

一説によれば、スサノオが機織り小屋に皮をはいだ馬を投げ込んだとされる事件は、もともとは「スサノオが機織り娘をレイプした」ことを、婉曲的な表現で隠した神話なのではないか、というのだ。

前のページで紹介した神話を確認し直してほしい。機織り娘は、自分の「女性器に、機織り道具を突き刺して」しまい、その傷のせいで死んでしまったとされている。この機織り道具「梭(おさ)」は、長さ20～30cmくらいの太い棒のなかに糸が仕込まれた道具である。このような棒状のものを突き刺すという行為は、明らかにセックスの暗喩ではないか、というのだ。

そして、神話が描いているのが事故死ではなく強姦事件だと解釈する場合、「神話に登場した機織り娘は何者なのか」という別の疑問が出てくる。『古事記』では機織り娘の名前が示されていないので、ここは『日本書紀』の記述を参考にしてみよう。

『日本書紀』で、梭で体を傷つけて死んでしまったのは「ワカヒルメ」という女神であることを91ページで紹介した。このワカヒルメとは何者なのか探ってみよう。和歌山県の丹生都比賣神社の社伝によると、ワカヒルメとはこの神社に祭られているニウツヒメの別名であり、彼女はアマテラスの妹であるとしている。丹生都比賣神社の社伝と強姦説を組み合わせると、スサノオはアマテラスの妹、すなわち実の妹をレイプしたことになる。

別の解釈も探ってみよう。兵庫県の生田(いくた)神社では、ワカヒルメとはアマテラスの幼名、すなわち子供のころの名前だと説明している。これはとんでもないことだ。この社殿を強姦説と組み合わせた場合、スサノオは実姉にして最高神アマテラスをレイプしたことになってしまう!

『古事記』『日本書紀』ともに、スサノオが事件を起こしたあと、アマテラスは心労のあまり洞窟のなかに引き籠もり、世界を照らす太陽神の役目を放棄してしまう。有名な「天の岩戸隠れ」の神話である。

仮定に仮定を重ねた話ではあるが、実の弟にレイプされたとしたら、ショックで引きこもるのも当たり前ではないだろうか。

スサノオ

どすけべの真相 最高神を穢したくないから暗喩でごまかした……かも?

前ページまでのエピソードでも紹介したとおり「スサノオがアマテラスをレイプした疑惑」は、仮定に仮定を重ねたもので、学界の定説などではない。だが、もし仮にこの事件が本当に起こっていたとしたら、いったいなぜ、事実を隠すような神話が残されたのだろうか?

ドスケベの真相 スサノオ神話がまとめられた経緯を追う

『古事記』『日本書紀』は、日本最古の歴史書である。この文献をまとめるように命じたのは、当時の朝廷。つまり国の都合で作られた文献だということを頭に入れておく必要がある。

そもそも当時、歴史と神話のあいだに境目はなかった。神話とは、はるか昔に実際に起こった歴史的事実だという建前になっていたのだ。

国が歴史と神話をまとめさせた理由は何か? それは、現在の王朝の正当性を世間にアピールし、国内の不満分子や海外の圧力から王朝を守ることにある。そのため歴史や神話をまとめるときは、現在の王朝にとって都合の悪い事実は、隠蔽されたり、都合のいい形に改変して掲載されることになる。『古事記』『日本書紀』の編集を命じたのは、当時の天皇家である。そして双方の文献によれば、天皇家はアマテラスの「孫のひ孫」、つまりアマテラスを初代とすると6代目の直系子孫、神武天皇の家系だと定めている。ならば、皇室の祖先アマテラスにとって都合の悪い神話を、そのままの形で『古事記』『日本書紀』に残しているとは考えにくいのではないだろうか?

そういう視点で神話を見ると、アマテラスが弟にレイプされて、ショックで引きこもったというのは、神々の上に立つ最高神としては「実に格好が悪い」。それよりは、気にかけていた弟があまりに乱暴をするのでショックを受けた、としたほうが、心優しい姉というイメージがついて、アマテラスへの好感度的にもプラスではないか?

何度も念を押す形になってしまい恐縮だが、この説はあくまで仮説に仮説を重ねたものにすぎないことをあらためて確認しておきたい。筆者も日本人として、これが単なる「下衆の勘ぐり」であることを願いたいものだ。

マウイ
女神のアソコを探険しよう！

「やってはいけない」と言われてしまうと、わけもなくやりたくなってしまう。人間には元来、そういった"あまのじゃく"な性質が大なり小なり備わっている。それは適度な量なら好奇心となって文明の発展につながるが、行きすぎれば破滅につながる。このページで紹介するのは、それがちょっと行きすぎてしまった英雄神の伝説である。

勇気と好奇心と遊び心で世界を変えた英雄神

　マウイは、太平洋南部のポリネシア地方の神話に登場する英雄神である。ニュージーランド、ハワイ、タヒチ、サモアなど海を隔てて遠く離れた各地の神話に同じ名前の英雄が登場しており、彼らはもともと同じ存在だったと推測されている。

　母親は大地母神ヒネ・ヌイ・テ・ポ。マウイはたくましい肉体を持ち、戦士としても漁師としても有能である。性格はイタズラ好きかつ新しいもの好きで、世界にトラブルを巻き起こしたり、人類に新しい技術をもたらすなど、いい意味でも悪い意味でも世界を動かす存在だった。

◆◆◆◆◆ 神々の性癖チャート&分析 ◆◆◆◆◆

多淫度：5
強制度：7
変質度：6
挑戦者度：9

　マウイは男女の性的関係においてもチャレンジャーである。手に入らない女性はどんな困難を乗り越えても手に入れようとし、命がけのセックスにも挑戦しようとする。
　英雄神の探求心は尽きることはないのだ。

マウイ

神々のドスケベストーリー

マウイの行動をひとことであらわすなら「冒険野郎」という言葉がぴった
りあてはまる。おもしろいモノを見つければ首を突っ込まずにはいられない
のがマウイという男である。

これは性的なことにもあてはまる。下世話な表現になるが、おもしろそうな
穴があれば、あれを突っ込まずにはいられないのがマウイという男だ。

ドスケベ
エピソード
ウナギの嫁を寝取れ！
英雄とウナギ神のヌルヌルバトル

マウイが通りかかったある島に、トゥナという名前の戦士が住んでいた。
この男は手足の生えたウナギの神のような存在で、水のあるところで戦えば
無敵の強さを誇っている。そしてトゥナは「ヒナ」という美しい娘を妻にし
ていたが、ふたりの関係は相思相愛ではなかった。ヒナは、トゥナが力ずく
で誘拐してきた花嫁であり、花嫁はいつか誰かが自分を救い出してくれる日
を夢見ていたが、強い戦士であるトゥナを恐れて、誰もが手を出せずにいた。

さて、マウイという男は、強く勇敢で、そしてイタズラ心がおう盛な人物
である。「トゥナが怖くて誰もが手を出せない」と聞いてしまえば、それな
らオレがやってやろうと意気込んでしまうタイプだ。マウイは何のためらい
もなくヒナを連れ出し、ヒナは大いに喜んだが、彼女を取り返しに来るであ
ろう戦士トゥナの強さを思い出して震え上がっていた。

やがてトゥナは花嫁がさらわれたことに気づき、ヒナを取り戻しにやって
きた。マウイは自分の兄弟たちと一緒にトゥナを迎え撃ち、策略を使ってトゥ
ナを波打ち際から乾いた岸までおびきだした。マウイは本領を発揮できない
トゥナの腕を切り落とし、足を切り落とし、ついでにペニスまで切り落とし、
最後に首を切り落としたのだった。のちにトゥナの頭を地面に植えてみると、
頭からはニョキニョキと幹が伸びてココナッツの木になったという。

ここまでやってもまだトゥナの胴体は生きていたので、マウイは胴体の命
だけは取らずに海に流してやった。トゥナの胴体はウツボになって、今でも
海に住んでいるという。

これはポリネシアのフランス海外領土、トゥアモトゥ諸島に伝わる神話だ

95

が、神話にはここまでの物語しか書かれていない。だがマウイの妻はこのとき助け出したヒナだとされており、マウイがウナギ神のところから攫った美少女とたっぷり楽しんだことは疑いのない事実である。

ドスケベ エピソード　死因は膣圧 !? 英雄マウイのあんまりな最期

　ニュージーランドの神話では、マウイの最期も性にまつわるものだった。

　あるときマウイは途方もない冒険の計画をぶちあげた。空と大地の境界線に、マウイの先祖でもある冥界の女神ヒネ・ヌ・イ・テポ（以下ヒネと省略）の巨体が横たわっている。その巨体は、人間が口の中に余裕で入れるほど大きかった。マウイはこの女神の体のなかに潜り込み、体内にある宝石を奪い取って外に脱出するという計画を立てたのである。

　マウイの大地母神ヒネ踏破ルートはこうだ。まず、股のあいだにある女性器からヒネの体に侵入する。そして体内で宝石を奪い取ったら、そのまま体の中を駆け上がって口から脱出するという体内貫通ルートである。何代か前の母親のなかに自分の男根（を含む全身）を挿入するのだから、マウイのチャレンジは「睡眠姦」「強姦」「先祖姦」の３ヒットコンボということになる。

　このルートの最大の障害は、女神ヒネの膣であった。彼女の膣は肉と粘膜でつくられた普通の膣とは違い、黒曜石と翡翠でできた鋭い刃がびっしりと生えているのだ。ちょうど、生え替わり用の歯がびっしりと並んだサメの口をイメージしてもらえれば近いだろう。ここを通るときにヒネが寝たままであればよし。もし起きて体を動かすようなことがあれば、膣の壁に埋め込まれた鋭い刃が動き、マウイの体はバラバラに引き裂かれてしまうだろう。マウイは友人である南国の野鳥たちに、自分の姿を見ても絶対に笑うなと命じて出発した。

　女性器の肉をかき分けて中に潜り込むにはどうすればいいか。マウイは変身能力を駆使していくつかの形態を試したが、「光り輝くイモムシ」の姿がもっとも適確だと判断した。マウイは棒状の胴体をブンブンと振り回しながら、イモムシの頭を女神ヒネの膣内に潜り込ませていく。その様子は、さながら電動の大人のオモチャか、あるいは触手プレイの一種か。あまりに酷すぎる絵面に鳥たちは我慢しきれず大笑いしてしまった。

　そして、鳥たちの笑い声を聞いた女神ヒネは目を覚ましてしまい、女神の膣内を通過中だったマウイは、膣壁に生えた黒曜石と翡翠の歯に切り裂かれて死んでしまったのである。

マウイ

マウイの膣圧死は人間の寿命の起源だった

いったいどうして、マウイは冥界神の体内に潜り込もうなどという、卑猥で不埒なことを考えたのだろうか。その理由は神話の冒頭部に記されていた。マウイが女神ヒネの膣内に潜り込もうとしたのは、自分の破滅の運命を回避するためだったのだ。

ドスケベの真相 マウイの非業の死は規定されていた

マウイたちが活躍していた時代、人間にはまだ寿命がなかった。人間は生きたいと思うかぎり、いつまでも生きることができたのだ。ただし、生きていくなかで死に魅入られた者は、冥界の女神ヒネ・ヌイ・テ・ポのもとに降りてきて、彼女の体内に吸収されてその生命を終えることになるのだ。

マウイの父であるマケア・ツタラは、自慢の息子であるマウイが、いつか死に魅入られてこの世を去ってしまうのではないかと気が気ではなかった。そしてマウイに、神々と人間の死の運命について教えてしまった。

父の告白を聞いて、マウイは憤慨した。なぜ自分が、いつか死ぬのか、それとも死なないのかとビクビクおびえながら生きていかなくてはならないのか。そんなくだらないことに心を揺らすくらいなら、果たして生き物はいつか死ぬのか、それとも死なないのかをはっきりさせてしまったほうがいい。マウイはそう考えたのである。

こうしてマウイは、冥界の女神ヒネを殺害することで死の力を奪い去り、生き物が寿命に悩まされない世界を作ろうとして、女神ヒネの女性器に挑んだのである。結果はご存知のとおり。マウイは敗れてしまった。マウイの敗北により、人間の不死の力は失われ、寿命とともに死ぬ存在に変わってしまったのだという。

ちなみに、このマウイとヒネの戦いは、戦いがはじまった時点で決着がついていた。ヒネはマウイの計画を事前に察知していたので、眠っているふりをしてマウイを待ち伏せしていた。もしあそこでマウイの友人である鳥たちがマウイの姿を笑わなくても、マウイは突然目覚めたヒネによって命を奪われていただろう。結局人類は有限の命を与えられる定めだったのだ。

特別コラム COLUMN

レイプとはなんだ？
ペニスで女性を支配する！

　神話にはしばしば、男性の神が女性をレイプする姿が描かれる。レイプは神話において普遍的に行われており、こうして「強姦魔の神」などという章を成立させることができてしまうほど多くの強姦事件が神話で語られている。

　神話において、人類社会において、レイプとはいったい何なのだろうか？

ドスケベの真相　男と女の性機能の違い

　レイプとは「男性が同意を得ず女性の性器に男根を挿入すること」である。しかし、なぜ「男性が」と前置きが付くのか。それは男女の性機能の違いが原因である。男性器は、男性が性的に興奮していれば勃起してふくらみ、性交可能になる。逆にいえば男性が"その気"になっていなければ、男根は勃起しないし射精も行われないので、性交そのものが成り立たない。しかし女性器は、性的に興奮していなくても男性器を挿入されることができてしまう。

　つまりホモ・サピエンスという生物にとって、セックスは男性が優位となる、きわめて一方的なものとしてデザインされているのだ。

ドスケベの真相　ペニスは女性支配の道具でもあった

　男女の性機能の違いは、男女の地位に大きな影響を与えることになった。

　家の主導権を男性が握る「父系社会」では、家に属する男性のもとに、他家の女性が嫁ぐという結婚形式をとる。すなわち女性器と子宮は他家に販売する商品だ。女性たちは結婚式で初めて顔を見た、まともに会話すらしたことのない相手に犯され、処女を捧げることになるのだ。男性は自分の家にやってきた花嫁を、男根で貫いて支配すると言い換えることもできよう。

　視点をセックスや結婚から離し、レイプに戻してみよう。欧米のレイプ事件の加害者たちは、口々にこう言っている。「レイプすると強くなったように感じる」「白人女性をレイプすれば、白人男性の誇りに泥を塗れる」などなど。これらの本音は父系社会の家長、つまり男たちが女性の運命を決めることと本質的に変わりがない。男性器は女性を支配する武器であり、レイプは性欲を充足させる行為ではなく、自分の強さを確認する行為なのだ。

異常性癖の神

Gods of abnormal sexuality

イクシオン

殿方御用達！ラブドールのパイオニア！

人間の男性というのは難儀な生き物である。一年365日のあいだ常に発情期であり、旺盛な性欲に振り回されている。そのためセックスのパートナーを持たない男性は、お金で娼婦と一夜を過ごしたり、自分の手、あるいはさまざまな道具を使って性欲を鎮めるのだ。

このページで紹介するイクシオンは、神にラブドールをあてがわれた男性である。

金のためなら義父をも殺す ギリシャ神話の最低一代男

イクシオンは、ギリシャ中部に位置し、馬の産地として有名だった「テッサリア地方」の王である。一説によれば彼の本当の父親は、先代のテッサリア王ではなく、8ページで紹介した軍神アレスだともいわれている。

イクシオンの性格を一言であらわすなら「ロクデナシ」という表現がふさわしい。彼は自分の利益のためなら他人をどれだけ傷つけても構わないと考えている。また、自分が受けた恩義についても無頓着で、平気な顔をして恩人の顔に泥を塗る、本当にどうしようもない男なのだ。

Gods of abnormal sexuality
異常性癖の神

◆◆◆◆◆ 神々の性癖チャート＆分析 ◆◆◆◆◆

- 多淫度：5
- 強制度：6
- 変質度：7
- ダメ人間度：10

イクシオンという男の本質は、倫理観が皆無で、自己評価が異常に高い、いわゆる駄目人間である。

103ページから紹介する彼の変態セックスは、神の魔術にだまされて行ったことなので、変質度は低めに評価した。

イクシオン

神々のドスケベストーリー

　イクシオンは、雲とセックスをした神話を持っている。

　昆虫の蜘蛛ではない。自然現象の雲である。

　いったいどうしてイクシオンは、生き物ですらない雲とセックスをすることになったのだろうか？　その根本的な原因は、神々のことを軽視し舐め腐っている、イクシオンの自己中心的な思考にあった。

ドスケベエピソード　嫁は欲しいがお金は惜しい　ならば殺せばいいじゃない！

　物語の発端は、イクシオンの嫁取りから始まる。彼はディアという美しい娘に思いを寄せ、自分の妻にしたいと考えた。

　しかしディアの実家は都市国家の王家であり、イクシオンも王の嫡男という地位にある。権力者どうしの結婚は「好き、嫌い」では決まらない。結婚することに何らかの利益がなければ、婚儀は結ばれないのだ。

　そこでイクシオンはもっとも即物的な解決策に出る。ディアを自分の妻にしてくれるなら、結納金として、ディアの父親に多額の金品を献上しようと約束したのだ。その約束を喜んだ王は、イクシオンと娘の結婚を承認した。

　ふたりの結婚式は、イクシオンの国でおこなわれた。盛大な結婚式が行われ、いよいよ約束の金品をディアの父に献上しようというときに、イクシオンがとんでもない蛮行に出た。彼はディアの父を騙して深い穴の中に突き落としたのだ。しかも穴の底には真っ赤に焼けた炭が満たされており、ディアの父は焼け死んでしまった。イクシオンは「嫁も欲しいが金品も惜しい」というひとりよがりな欲望に従い、うるさい義父を謀殺したのである。

　古代ギリシャの世界において、約束とは、神々に誓う「誓約」が一般的である。イクシオンの蛮行は重大な「誓約違反」だった。しかも神々に結婚が承認されたことで、ディアの父はイクシオンにとっても義理の父となる。つまりイクシオンは「誓約破り」と「義父殺し」の重罪を、ふたつ同時に犯したことになるわけだ。

　古代ギリシャでは、罪を犯した者は、神々に懺悔してその罪を清めてもらわなければならない。当然のことながら、あまりに非道な行いをしたイクシオンを清めようとする者はいなかったのだが……ひとりの神が名乗りをあげる。大

101

罪人イクシオンの清めを引き受けたのは、最高神ゼウスだった。

ゼウスがイクシオンを清めようとした理由は、神話のバリエーションによって異なる。もっともよく知られているのは「自分も女の子を犯すために非道なことをしたので、似た者どうし哀れみを感じた」というものだが、「イクシオンの妻ディアを犯したかったから」とするバージョンもある。ゼウスの所業を考えると、後者のほうが説得力があるようにも思えてくる。

助けたゼウスに礼するどころか ゼウスの妻に夜這いする！

最高神ゼウスはイクシオンの罪を清め、彼を神々の晩餐会に招待した。これほどの大罪を赦してもらえたことも、神の晩餐会に招待してもらえたことも、とてつもない温情であり、全力で感謝すべきことである。だが、イクシオンの精神構造からして、そのような殊勝な考えは出てこなかった。

イクシオンは、神々の晩餐会に出席した、飛びきりの美人妻に目を奪われた。それは彼を晩餐会に招待したゼウスの正妻、ヘラである。

「女神ヘラは、ゼウスの浮気に腹を立てていると聞く。ならば、俺がヘラ様を浮気セックスに誘えば、旦那に復讐したいヘラ様は乗ってくるはず！」

いったいどう考えたらそういう思考にたどり着くのかわからないが、ともかくイクシオンはそう考え、ヘラに夜這いをかける計画を練り始めた。当然、全知全能のゼウス神が、イクシオンのたくらみに気付かないわけもない。ゼウスは天空神の権能を使って空から雲をちぎり取り、ヘラの姿に似せてイクシオンにあてがった。イクシオンはそれがヘラ本人だと思い込み、雲のなかに"これでもか"と精液を流し込んだのである。

それだけでも罪深いというのに、イクシオンは翌日になると「俺、ヘラ様と浮気セックスしたんだぜ」と、周囲に自慢してみせた。いったいどういう精神構造をしているのだろうか。そんなことを言いふらして回って、ヘラの夫であるゼウス神が怒らないとでも思っているのだろうか？

いまさら言うまでもないことだが、このような神を愚弄する行いが許されるわけもない。ゼウスは自分の妻を犯そうとしたばかりか、ヘラとゼウスを侮辱してまわった不埒者にきつい罰を与えることにした。ゼウスはイクシオンを、死者の世界にある牢獄「タルタロス」に叩き込むと、燃え盛る車輪に縛り付け、ぐるぐると回し始めた。イクシオンは今でも、タルタロスで車輪の責め苦を受け続けているという。

イクシオン

ヘラの代わりに抱かれた雲はケンタウロスの祖先になる

イクシオンは冥界に落とされて死に、永遠の責め苦を受けているが、その一方で死ななかったものがある。それは雲でできた女神の中に注ぎ込まれた、イクシオンの精子である。実はこの精子、意外な種族の起源となっているのだ。

ドスケベの真相　ゼウスの雲は意志持つ雲

最初に、イクシオンが抱いた雲の正体について、読者の皆様にお詫びをしなければならない。本文では「ただの雲」のように説明していたが、これは多分に脚色が含まれている。実はゼウスが作り出した「女神ヘラに似せた雲」には、ゼウスの手によって、かりそめの生命が与えられている。しかも、ネペレという名前まで与えられているのだ。姿がそっくりで、会話ができる人格まであるのだから、イクシオンが「俺はヘラとセックスしたんだ！」と信じ込んでも愚かとまでは言い切れない。

それでは、かりそめの生命を与えられたネペレに注ぎ込まれた精液はどうなったのか。当然ながら、女性に精液が注ぎ込まれれば受精して妊娠することになる。ネペレの母胎から産まれ落ちたのは、上半身が人間、腰から下が馬の胴体になっている異形の生命だった。ギリシャ神話のみならずファンタジー作品でもおなじみの「ケンタウロス」は、このろくでなしのイクシオンを先祖とする種族だったのである。

ドスケベの真相　半人半馬ケンタウロスのできたわけ

イクシオンの神話は、ケンタウロスという種族が誕生した理由を説明する神話だが、実際の歴史においては、イクシオンの神話はケンタウロスが神話に登場したのちに作られたものであり、いわゆる「後付け」の理由説明神話と見るべきである。

古代ギリシャでは、馬は月と関係の深い動物だと見られており、月の満ち欠けは農業や降雨と関連していると考えられていた。この馬 ➡ 月 ➡ 雨の連想で、人間が馬のハリボテをかぶって雨乞い踊りをする儀式があった。この儀式から、半人半馬のケンタウロスが想像されたと考えられている。

ピュグマリオン
生身の女になんて興奮しない！

西暦０年前後に古代ローマ帝国で活躍した詩人オウィディウスの『変身物語』は、神話伝説上のさまざまな「変身譚」を集めた物語集である。この神話に、現代の異常性癖のひとつである「物品性愛」の走りとなった神話が紹介されている。主人公の名はピュグマリオン。人形を愛するあまり、人形と結婚してしまった、驚異的な物品性愛者である。

女神アフロディーテに統治権を認められた彫刻家

ピュグマリオンは、ギリシャ神話の登場人物で、地中海の東の果て、ギリシャから遠くに位置するキプロス島の王である。彼は王としてキプロス島を統治するかたわら、島いちばんの彫刻家としても名をはせていた。

このキプロス島はギリシャ神話の女神アフロディーテの生誕地だとされており、古来よりアフロディーテ信仰が盛んだった。そのためキプロス島では王権を持つのはアフロディーテの巫女であり、王権を持つ巫女と結婚した男性が、王となって島を統治したと考えられている。

Gods of abnormal sexuality
異常性癖の神

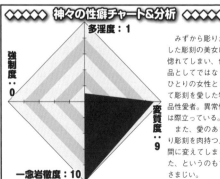

◆◆◆◆◆ 神々の性癖チャート＆分析 ◆◆◆◆◆

多淫度：1
強制度：0
変質度：9
一念岩徹度：10

みずから彫りだした彫刻の美女に惚れてしまい、作品としてではなくひとりの女性として彫刻を愛した物品性愛者。異常性は際立っている。
また、愛のあまり彫刻を肉持つ人間に変えてしまった、というのもすさまじい。

ピュグマリオン

神々のドスケベストーリー

　ピュグマリオンは物品性愛者である。人間の女性には欲情せず、無生物である彫刻の女性に恋心を抱き、性欲を燃え上がらせるのだ。現代の行きすぎたフィギュアオタクにとっては大先輩といえるだろう。だが、ピュグマリオンのすさまじさはそれだけにとどまらない。彼は彫刻を愛するあまり、生物と無生物のあいだにそそり立つ絶対的な壁すら乗り越えてしまったのだ。

ドスケベエピソード　愛と性の島キプロスの王は なんと "処女厨" だった!?

　大西洋の東の果て、トルコとイスラエルの中間に位置する大きな島、キプロス島。ここは女神アフロディーテが守護する美の島である。

　島民の多くは美しきアフロディーテを信仰し、アフロディーテの巫女と呼ばれる美女たちにあこがれる。しかしそんな島で、浮かない顔をしているひとりの男がいた。彼は島いちばんの彫刻家で、キプロス島の王でもあるピュグマリオンだった。

　彼が浮かない顔をしていたのには理由がある。キプロス島の女性たちは、あまりにも「ビッチ」すぎたのだ。そもそも女神アフロディーテ自身が不倫もバッチコイな性の女神であり、信徒たちも女神にならって開放的なセックスを楽しんでいたのである。ピュグマリオンはそれをきっかけに、女性の精神のさまざまな特徴が鼻につくようになり、生身の女性にまったく興味を示さなくなってしまったのである。

　そのためピュグマリオンは、言い寄る女性たちに見向きもせずに独身を保ち、一方で人間の体ほどの大きさのある巨大な象牙を材料に、理想の女性を彫刻する作業に没頭するようになっていった。

　象牙ならではの暖かみのある白は、ピュグマリオンの卓越した彫刻技術により、滑らかな白い柔肌に変わっていく。こうして一本の象牙は、この世に生きている女性ではありえないほどの美をたたえた裸婦像になった。

　神話にはそれ以上のことは明記されていないが、つまりピュグマリオンは処女厨をこじらせたうえで、等身大フィギュアに没頭するオタク王になってしまったと解釈してもよいのではないだろうか。

105

ドスケベエピソード　理想の女性は非現実にあり！王様が"二次元"にハマるまで

　象牙の削り出しで理想の美女像をつくりあげたピュグマリオンに、異変が起こった。ピュグマリオンは、この像に恋をしてしまったのだ。

　これは比喩としての恋ではない。本物の恋である。彼は裸婦像のなめらかな象牙の肌を触っているうちに、これが作り物だとは思えなくなってしまったのだ。彼は裸婦像を抱きしめたり、話しかけたり、キスをするようになった。そしてまるで恋人に贈るかのようにプレゼントをするようになった。

　裸の体を美しく彩る衣類を仕立てたところまではいい。宝石や貝殻、色とりどりの花、さらにはペットの小鳥まで与えるのだから常軌を逸している。しまいには超高級品である紫の色素で染め上げたベッドに象牙の裸婦像を横たえ、愛しい妻と呼んで一緒に眠るようになった。彼が象牙の妻と"夜の運動"にいそしんだかどうかは追求しないのが武士の情けだろう。

　そんな異常な夜が続いたある日。キプロス島に、女神アフロディーテの祭りの日がやってきた。ピュグマリオンは祭壇に奉納をすませると、女神アフロディーテに「自分の妻として、象牙の乙女……に似た女性をください」と願った。本当はピュグマリオンは「象牙の乙女をください」と言いたかったのだが、人間が神の領分を侵して人間を作るなど不遜の極み。ピュグマリオンは最後の理性を総動員して、不遜な願いを引っ込めたのだった。

　女神アフロディーテは、ピュグマリオンの言葉も、真の願いも、願いを変えた理由も、すべて承知していた。そして人間としての分をわきまえた信徒の「真の願い」をかなえてやることにした。つまり、ピュグマリオンが彫りだした象牙の乙女に命を吹き込み、人と同じように暮らせるようにしてやったのである。

　女神が願いを叶えたことを知ったピュグマリオンは、ただちに夫婦の寝室に駆け込み、ベッドに横たわる妻の胸を揉みしだき、肌をなめ回す。すると肉の体と同じように軟らかい感触が返ってくるではないか。やっていることは完全に睡眠レイプだが、夫婦だからセーフということにしておこう。

　そして最後に、ピュグマリオンが眠れる象牙の妻にキスをすると、彼女は目覚めて夫の愛を受け入れた。結果は一発必中。「ガラティア」と名乗ることになった象牙の乙女は娘を産み、その娘はキュラニスという孫を産んだ。彼はピュグマリオンの王位を継いでキプロスの王になったということである。

ピュグマリオン

王位継承争いを美化したら彫像妻の神話になった⁉

ピュグマリオンの神話は西洋で広く知られており、器物性愛のことを「ピュグマリオニズム」「ピュグマリオンコンプレックス」と呼ぶほど一般的なものになっている。だが、ピュグマリオンの神話が生まれた背景には、生臭い権力闘争があったのかもしれない。

ドスケベの真相 女系相続を断ちきる手段としての人形愛

20世紀イギリスの神話研究者ロバート・グレイヴスによると、この神話は「女系相続に抵抗した王の神話が変形したもの」の可能性があるという。

女神アフロディーテを信仰するキプロス島では、王権を持っているのは男性ではなく女性だった。アフロディーテの巫女のなかから選ばれたひとりの女性が、8年のあいだ島の王権を持ち、彼女の夫に選ばれた男性が王権を行使する。そして王権を持つ巫女の任期が終わると王の任期も終わり、王権を受け継いだ新しい巫女の夫が次の王になるという仕組みである。こうすることで、ひとりの男性が長期間にわたって独裁権力を握ることを防ぎ、王権の私物化を予防できるのである。

しかし、王の立場で見れば、一度手に入れた権力を手放したがるわけがない。そのため、王は任期を伸ばすためにさまざまな策を弄したと思われる。ピュグマリオンのモデルとなった王が利用したのは、王権の発生源が女神アフロディーテであることだ。巫女たちは、女神の娘であることを根拠にして王権を得ていた。ならば王が女神と結婚して夫になれば、女神の夫として王権を振るうことができるはずだ。

そこで名も知れぬキプロスの王は、アフロディーテの精巧な立像をつくり、それを自分のベッドに入れることで「自分はアフロディーテの夫だ」と主張し、引き続きキプロスの王権を行使しようとしたと考えられる。

「女神の像と添い寝する」という奇行は、王権の正当性を得るための合理的な行動だった。ところが、しだいに「人形と寝た男」という奇行のみが切り取られて語られるようになり、それがピュグマリオンのロマンチック（？）な物語に変わっていった、というわけだ。

ナルキッソス
もっとも美しい自分を愛する！

世界でもっとも美しい男性は、どのような人生を送るのだろうか。そのもっとも不幸な例が、ここにあげるナルキッソスである。彼は自分より美貌に劣る他者に価値を見い出せず、そのために人の輪から離れることになったのだ。「ナルシズム」の語源である、ナルキッソスが堕ちた異常性癖の世界へ、みなさんをご招待しよう。

多くの人をトリコにしたギリシャ神話最高の美青年

ナルキッソスは、ギリシャ神話の河の神ケピソスが、自然の精霊であるニンフを犯して産ませた息子である。

母親のニンフは愛情をもってナルキッソスを育てた。その結果、ナルキッソスは世界に並ぶ者なき美少年に育った。年齢は16歳。少年と成年の中間に位置し、その曖昧さが完璧な美をナルキッソスの外見に与えていた。

だがナルキッソスは、性格のほうは外見ほど美しくなかった。彼は自分の美しさを過信するあまり、傲慢な青年に育っていたのだ。

Gods of abnormal sexuality
異常性癖の神

◆◆◆◆◆ 神々の性癖チャート＆分析 ◆◆◆◆◆

多淫度：1
強制度：0
変質度：8
自己陶酔度：10

彼を「ドスケベな神」と呼ぶのは、不適当かもしれない。彼は誰かに性欲を向けたことがないからだ。

しかし、自分以外に美しい者はいないと考える精神性はまさに「異常」である。よってこのような評価となった。

神々のドスケベストーリー

ナルキッソスはナルシスト（自己愛者）である。というより、ナルシストという言葉の語源がこのナルキッソスなのだ。

彼は物心ついたときから、自分の美しさに誇りを持ち、それをまったく隠そうとしていなかった。そして彼は、自分だけを美しいと考えるがゆえに、破滅の道をたどることになったのである。

ドスケベエピソード　自分の美を誇るがゆえに他人の好意をはねつけた青年

ナルキッソスは、奇妙な予言を受けて生まれた。それは母親の「この子は年老いるまで生きることができるか」という質問に、予言者が「みずからを知らないでいれば」と答えた、というものであった。それから時が過ぎ、健やかに育ったナルキッソスは、並ぶ者のない美少年になっていた。多くの女性、そして（同性愛が盛んなギリシャらしく）男性が彼に夢中になった。

彼に夢中になった女性に、森のニンフ「エコー」がいた。彼女はとある事情により、自分の意志で話すことができず、相手の発言をオウム返しにすることしかできない。気味悪がったナルキッソスは、君に抱かれるのは死ぬまでごめんだ、と痛烈な言葉を返す。それを恥じたエコーは、しだいに憔悴して肉体を失い、声だけの存在になってしまった。

このように、彼は自分の美しさを鼻にかけ、相手を手ひどく侮辱して振ってしまう。これに恨みを持ったある男性が、義憤の女神ネメシスに祈った。「あの少年が恋を知りますように！　そして恋する相手を自分のものにはできませんように！」と。ネメシスはこの男の祈りを受け入れた。

ドスケベエピソード　恋する自分に手が届かず狂い死んだナルキッソス

神の呪いはてきめんにあらわれた。ナルキッソスは銀色にきらめく澄み切った泉をみつけ、水を飲むために泉をのぞきこんだ。すると泉のなかに、彼が生まれてこのかた見たことのない、絶世の美少年がいた。泉のなかの美少年は、驚きの表情で身じろぎもせずに固まっている。そしてナルキッソス

は、泉のなかの美少年に激しい恋心を抱いた。

　無論「泉のなかの美少年」とは、鏡のように凪いだ水面に映るナルキッソス自身である。だが女神の呪いに侵されたナルキッソスは、その当然の事実に気付かない。彼は泉のなかの美少年にキスしようとしたり、手を伸ばして触れようとするが、そのたびに水面が揺らいで美少年の姿はかき消えてしまう。ナルキッソスは食事も睡眠も忘れ、ひたすらに泉のなかの美少年を見つめ続けた。目を離してしまったら、二度と彼に会えないような気がしたのである。

　もちろんナルキッソスは別に愚かなわけではないので、泉の少年の正体にうすうす気付いてはいた。だが彼は、ようやく見つけた美しい人が、自分が決して触れることのできない存在であるということを、きちんと認めることができなかったのだ。

　そして彼が「自分が見ているのは、水面に映った自分の姿だ」という事実を受け入れる気になったときには、すでにナルキッソスの体は栄養失調でやせ細り、あとは死を待つのみとなっていた。

　ナルキッソスは半狂乱状態になりながら、泉のなかの自分に呼びかける。すると、その声に応えるものがある。ナルキッソスは泉のなかの自分と、つたない会話を続け、最後はおたがいに「さようなら」と言って息絶えた。予言者の「みずからを知らないで居れば、長生きできる」という言葉は、逆説的な意味で真実になったのだ。

　実はナルキッソスと最後に会話をしていたのは、ナルキッソスに振られて肉体を捨てていたエコーだった。なお、ナルキッソスの遺体はいつのまにか無くなり、彼がいた場所には水仙の花が咲いていたという。

ドスケベ エピソード　死せるナルキッソスは 世界に何を残したか？

　ナルキッソスの神話の痕跡は、現代にも残っている。

　まず、ナルキッソスの血液から生まれたとされる水仙の学名は、そのままずばりナルキッソスである。これは水仙が水辺の植物であり、その花がやや下方向に向かってうつむくように咲く様子が、水辺に映る自分の姿を見ているように見えるからだろう。

　また前述したとおり、自己愛、自己陶酔のことを英語でナルシズムと言うが、これは「ナルキッソス」に、主義という意味の「ism」をつけた単語であり、彼の自己愛を普遍的な心理学用語として用いたものである。

ナルキッソス

エコーの言葉が不自由なのは不倫を助けたから!

　ナルキッソスを愛した女性のひとり、ニンフのエコーは、言葉が不自由だった。彼女は自分の意志で話すことはできず、相手が言ったことをそのままオウム返しにすることしかできないのだ。

　彼女がこうなってしまった理由は、ギリシャ神話のトラブル発生源としておなじみの、ゼウスとヘラの夫婦喧嘩だった。

ドスケベの真相　自慢の弁舌で、ニンフたちを守った代償

　ゼウスの正妻であるヘラは、ギリシャ神話でいちばん嫉妬深い女性だといってもよく、ゼウスの不倫を見つけるとすぐ妨害に入り、旦那を懲らしめるとともに、相手の女性にとてつもなく厳しい罰を与える。

　あるとき、ゼウスが山のニンフたちと乱交セックスを楽しんでいる最中、その様子をヘラに目撃されてしまったことがあった。このままでは山のニンフたちは残らずヘラに捕らえられ、全員死ぬ方がマシなほど厳しい罰を受けることになってしまう。

　そこで「我に策あり」とばかりに名乗り出たのがエコーだった。エコーはニンフたちのなかでも話し上手で有名で、相手の興味を引くおもしろい話を、いくらでも語り続けることができる。

　エコーは怒りに燃えたヘラに話しかけ、その興味を引くことに成功した。いつ終わるともわからない、それでいて続きが気になって切りどころのない話を、ヘラが延々と聞き続けているうちに、浮気相手のニンフたちはまんまと逃げおおせ、その追求から逃れることに成功したのである。

　復讐相手を見失ってしまったヘラの怒りは、目の前にいるエコーに向けられた。ヘラはエコーが二度と同じ手を使えないように、エコーの自慢の喉に呪いをかけ、目の前の相手が最後に話したことをオウム返しに繰り返すことしかできないようにしてしまったのだ。

　ナルキッソスの物語に登場した、相手の言葉を繰り返すことしかできないエコーは、こうして生まれた。やはりギリシャ神話のトラブルは、この迷惑夫婦がほとんどの発端になっているのである。

変態性癖の呼び名に多用されるギリシャ神話

　本章ではさまざまな変態性欲の神話を取り扱っているが、性癖を意味する単語には、器物性愛（ピュグマリオンコンプレックス）、自己陶酔（ナルシズム）のように、ギリシャ神話に由来を持つものが多い。いったいなぜギリシャ神話由来の用語が多いのか、その真相に迫ってみよう。

ドスケベの真相　ギリシャ神話に由来する性的な言葉

　本書で紹介したふたつの実例のほかにも、ギリシャ神話にルーツを持つ特殊性癖用語は多い。たとえば……

タナトフィリア……自分自身の自殺や自傷行為に性的興奮をおぼえる性的倒錯。語源はギリシャ神話の死の神タナトス。

アラクネフィリア……クモやムカデなどの節足動物に対する性的嗜好。語源はギリシャ神話の、クモに変えられた機織り娘アラクネ。

エディプスコンプレックス……男性が自分の母親との近親相姦を望む性的衝動。ギリシャ神話のオイディプスが語源。

イオカステーコンプレックス……母親が自分の息子との近親相姦を望む性的衝動。上記オイディプスの母親イオカステが語源。

ダフネコンプレックス……若い処女が男性に恐怖を感じ、女性に強い親愛を向ける心の動き。アポロン（→p12）の求愛を拒絶した処女ダプネが語源。

　これらの言葉が、人間の特殊性癖や心の動きをあらわす言葉として使われており、それぞれの特性が研究の対象となっている。

ドスケベの真相　特殊性癖用語のできるまで

　こういった特殊性癖や心の動きをあらわす用語には、たしかにギリシャ神話に由来する言葉が多い。しかし、すべてがギリシャ神話に由来するわけではないのもまた事実だ。これらの心理学用語は20世紀以降に生まれたものがほとんどで、症例の名前を決めるにあたって、同様の性癖を見せている創

特別コラム 変態性癖の呼び名に多用されるギリシャ神話

作の登場人物を利用することが多かった。ギリシャ神話には、人間の心の動きをあざやかに描いた有名な物語が多かったため、ギリシャ神話の登場人物の名前が、たくさん心理用語に採用されたのである。

ギリシャ神話以外に由来を持つ心理用語で有名なのは、『旧約聖書』に由来する"アブラハムコンプレックス"。これは父親が息子に抱く憎悪の感情を説明する用語だ。また少女性愛をあらわす"ロリータコンプレックス（ロリコン）"は、1955年ロシアの小説『ロリータ』が由来である。日本ではロリコンの対になる言葉として、成人女性による少年への性的情動を"正太郎コンプレックス（ショタコン）"と呼ぶ。これは横山光輝の漫画『鉄人28号』の主人公、金田正太郎に夢中になった女性が多かったことに由来する。聖書にロシアの小説に日本の漫画、このラインナップからも、いかに「ごった煮」かがわかっていただけると思う。

ドスケベの真相 おまけ：エディプスコンプレックス

本書ではさまざまな特殊性癖を有する神々を紹介してきたが、母子相姦趣味者を意味する言葉「エディプスコンプレックス」の由来になったオイディプスは、人間であるため、本書に項目を設けることができなかった。そこでこのページを借りてオイディプスの神話を紹介したい。

都市国家テーバイの王ライオスは、自分の息子に殺されるから子供を作るなという神託を信じていたが、酒に酔って妻と子作りしてしまった。しかし生まれたての赤ん坊を殺すのは心がとがめ、彼は息子を遠方に追放した。

息子オイディプスは立派な若者に育ったが、彼はささいないざこざで、実の父親ライオスを、その正体を知らぬまま殺してしまう。そして彼は、王を失い（オイディプスが殺したせいだが）怪物におびやかされていたテーバイを救ったことで、新しいテーバイ王に推薦されることになり、先王の妻であるイオカステと結婚して王に即位した。何を隠そうこのイオカステこそ、オイディプスを産んだ母親だった。彼はそうとは知らぬまま、母親とセックスし、4人もの子供を孕ませてしまったのである。父を殺し母を犯した大罪人が、本人はそうと知らぬまま誕生した瞬間であった。

そのあと、テーバイでは不作と疫病が続いた。神々に伺いをたてたところ、不作と疫病の原因は先王ライオスの殺害が穢れたものだからだという。さらなる調査で真実……つまり自分が父殺しと母犯しの大罪人であることを知ったオイディプスは絶望し、自分の目をえぐり取ったという。

ロキ
相手のチョイスもトリックスター

いたずら好きで、その行動は予測不能。神の国「アースガルズ」に騒動が起きたならば、その影にはかならずヤツの影がある。ロキは「トリックスター」と呼ばれる存在で、行動原理や考えが読めない謎多き存在だ。

ここではロキの不可解な行動とともに、奔放な行動から生み出されたエピソードの数々を紐解いていく。

イタズラ心と悪意でもってアースガルズは大騒ぎ

ロキは非常に美しく立派な風貌の持ち主だ。だが心根は邪悪で、性格は気まぐれなひねくれ者。狡猾で悪知恵が働き、その悪行を数えればきりがない。また変身能力を持っており、何にでも姿を変えられる。彼は変身能力と悪知恵をもって、神々を困難に陥れるのだ。

ところでロキの出自は神々の敵、巨人族にある。だがどういうわけか彼はオーディンの義兄弟として迎え入れられ、神々と肩を並べて暮らしている。

ちなみにロキは両性具有の神であるのだが、妻をめとるなど、自覚する性別は男のようだ。

異常性癖の神
Gods of abnormal sexuality

◆◆◆◆◆ 神々の性癖チャート&分析 ◆◆◆◆◆

多淫度：5
強制度：2
変質度：9
TSF度：10

TSFとはトランスセクシャルの略で、性転換を意味する。これに性行為を意味するファックの頭文字Fを加えて「TSF」、性転換セックスである。転換するのが性別だけならともかく、ロキは種族すら転換してしまう。

ロキ

神々のドスケベストーリー

　ロキは両性具有の神であったが、自身の自覚する性別は間違いなく男であった。だが神話内においては、女性に子供を産ませるよりも、みずからが妊娠して子供を産むエピソードが多く見られる。また、こちらで紹介しているロキの性的なエピソードは、北欧神話における最終戦争「ラグナロク」に大きく関わるものばかりである。

ドスケベエピソード　えっ、ロキ君が妊娠!?　馬なら男でもイケるクチか

　アースガルズの国が、まだ発展途上だったころのこと。ひとりの鍛冶屋がやってきて「国をぐるりと囲む城壁を1年で造ります」と申し出た。その城壁はとても丈夫で、どれほど強い巨人でも乗り越えられないものだという。鍛冶屋はその報酬として女神フレイヤと、天を巡る太陽と月を求めた。

　強固な城壁は必要不可欠、だが報酬が高すぎる。どうにか城壁だけを頂けないか……。神々は、「誰の力も借りることなく、期限内に城壁を完成させた場合のみ報酬を与える」という条件で、鍛冶屋の申し出を受けることにした。この条件ならどうせ城壁は完成しない。あとは完成間近の城壁を神々が仕上げれば楽をできる、という魂胆だ。鍛冶屋はこれに対し「石を運ぶため、自分の馬スヴァジルファリだけは使わせてほしい」と懇願する。神々は迷ったが、ロキの勧めから鍛冶屋の申し出を受けることにした。

　次の日から、鍛冶屋と馬は昼も夜もなく働いた。たかをくくっていた神々は、そのあまりの仕事ぶりに驚愕する。特に馬の能力はすさまじく、巨大な石を次々に運び、鍛冶屋以上の働きをしていたのだ。

　約束の日の3日前には、工事は残すところ城門のみというところまで進んでいた。このままではフレイヤと太陽と月の3つ、自分でOKをだしたとはいえ高すぎる報酬を渡さなければならない。特に太陽と月がなくなれば、アースガルズが破滅してしまう。神々は集まり、これは誰の責任なのかと騒ぎ立てた。やがて悪いのはこれを勧めたロキである、と意見を一致させた神々は、ロキのところへぞろぞろとなだれ込む。そして「鍛冶屋との約束をご破談にしなければ、ひどい死に方をさせてやるぞ」とおどし立てたのだ。ロキ

115

は神々の剣幕にすっかり怯え、どのような犠牲を払ってでも破談にする、と誓ったのであった。皆で決めたことだろう、あいつらも賛成したじゃないか、どうして自分の責任に……。そう愚痴のひとつも言いたくなるが、ともかくロキは奸計を働かせ行動を開始した。

その日から鍛冶屋と馬の前に、一頭のメス馬が姿をあらわすようになった。それを見た鍛冶屋の馬は、メス馬に夢中になって腰を振り、自慢のウマナミを前へ後ろへの大暴れ。まったく仕事をしなくなったのである。メス馬の正体はもちろんロキ。いったいどんな思いで馬の逸物を受け入れていたのだろうか?

城壁が仕上がらないと悟った鍛冶屋は、巨人の正体をあらわして怒り狂った。その様子を見た神々は、敵である巨人ならば容赦しない、と殺してしまう。しっかり仕事をしたにも関わらず、一方的な都合から約束を反故にされ、あげくの果てに殺されて……昨今の社会問題にも通じる話だろう。

ところで、メス馬に化けてスヴァジルファリと戯れたロキは妊娠していた。しばらくのちにロキは、8本足の馬「スレイプニル」を産み落とすのである。

ドスケベエピソード 産ませてみたり孕んでみたり 自由奔放に危険を創る

またロキは、ある女性とのあいだに危険きわまりない子供をもうけている。彼は巨人の国「ヨトゥンヘイム」に住む、巨人族の女アングルボサ(文献によっては老婆、妖婆とも)と交わり、3人の子供をもうけた。これが北欧神話の著名な怪物たち、災厄の狼「フェンリル」、世界蛇「ヨルムンガンド」、そして冥界の女王「ヘル」である。神々はいずれ災いをもたらす危険な怪物の存在を知ると、ロキを介することなく対策を講じた。

神々は子供たちを捕らえると、まず見るからに危険な子から処分する。蛇のヨルムンガンドは海の底へと投げ捨てた。肉体の半分が腐敗していたヘルは冥界ニヴィヘルムへ投げ込み、そこの統治権を与えて大人しくさせた。

残されたフェンリルは、まだ単なる狼のようだったので神々の手元に置かれた。だが日増しにどんどん強くなり、何度も拘束具を破壊し抵抗を続けるので、最終的には魔法のヒモで岩に縛り付けられ、口の中に剣を縦に押し込まれ、そのまま地中深くへと埋められるのであった。

この子供たちのうち、フェンリルとヨルムンガンドは最終戦争の日に開放され、ロキとともに神々への復讐を果たすと運命付けられている。

また、神話集『古エッダ』に収録されている『ヒュンドラの歌』という物

語には、「ロキは人間族の女の心臓を菩提樹で焼いて食し妊娠、地上のあらゆる怪物を産んだ」と記されている。この「人間族の女」の正体に関しては、単なる人間だという説と、実は人間ではなく巨人の女アングルボサである、など諸説ある。

北欧神話に登場するアングルボサは謎の多い女性で、フェンリルたちを産んだ巨人族の女性、という以上のことは何も触れられていない。あくまで推測となるが、『ヒュンドラの歌』における「女の心臓を食べ怪物を産んだ」というくだりは、アングルボサの立ち位置を「殺された女」に変え、ロキの邪悪さを際立たせるために付け加えられた文章なのかもしれない。

それにしても、ロキには異形の子が非常に多い。8本足の馬、狼、世界蛇、生まれながらにして肉体の半分が腐っているゾンビ、そして世界中にはびこるあらゆる怪物と、そのほとんどが人型ではない。もちろん彼がトリックスターであるが故なのだろうが、北欧に人外ばかりを産む人型の神はそういない。ロキの精子と卵子は一体どうなっているのだろうか……。

ドスケベエピソード 最終戦争が来たるまで 妻の献身と罰は続く

さまざまな悪事やイタズラを仕掛け続けてきたものの、何とか許されていたロキであったが、ついに越えてはいけない一線を越えてしまった。それは「偉大なる神バルドルの殺害と復活の妨害」である。バルドルを殺した上、その復活を妨害されては、さすがの神々も黙ってはいられない。神々はロキを捕縛し、罰を与えると決めた。さすがにやりすぎた、と逃げ回るロキであったが、最終的には捕まってしまう。

性に奔放なロキであったが、実は正式に結婚している妻帯者であり、そのあいだには子供（文献によって名前や人数が異なる）もいた。この家族たちはロキの最後の悪事……大罪へのけじめによって悲惨な運命を辿る。

捕縛されたロキは、目の前で子供を殺され、そのはらわたをぶちまけられた。そして巨大な岩に子供の腸で縛り付けられ、妻とともに洞窟の中へ幽閉される。そこは毒蛇の毒が滴り落ちる場所で、妻のシギュンはロキを守るため、器を掲げ毒を受け止めているのだが、器がいっぱいになって中身を捨てに行く時だけ、ロキに毒が降りかかる。毒液を浴びたロキは大きな悲鳴とともに身をよじり、その衝撃は地面を揺らす……これが地震の正体なのだという。ロキとシギュンは今なお、地球のどこかで罰を受け続けているのだ。

117

神話世界に変化をもたらすロキは混沌そのものである

トリックスターとは「いたずら者」あるいは「悪ガキ」だ。これは世界の神話において、いずれも常軌を逸脱している。口を開けば嘘をつき、男女の性もしばしば変わる。ロキは北欧神話のトリックスター、という役割を担い、さまざまな方法で神々と世界を動かし導いているのだ。ロキの変態セックスは、あくまでそのための手段のひとつでしかない。

ドスケベの真相 無秩序と混沌は創造をもたらす

ロキが動けば騒動が起きる。これはすなわち、ロキが動けば物語が動く、ということでもある。ロキの本質は邪悪に見えるが、これに関してはイギリスの神話学者エリス・デイヴィッドソンが、後世にキリスト教が伝播したことに伴い、悪魔「サタン」の影響を受けた可能性が高いと指摘している。

それでは、本来のロキはどのような存在であったのか。先述のとおり、トリックスターは単なる悪者ではない。その行動によって、良くも悪くも何かしらの新しい物が生じ、世界は変化していく。ロキは大騒動を引き起こし、怪物や災厄の子を産んではいるが、特に雷神トールとは親友のように接し、知恵によって彼や神々を助けている。役に立つ物を発明し、神々の武器や宝を造り手に入れ、また乗り物を産んだのもロキだ。無秩序と混沌は硬直した世界を揺るがし、ふたたび活性化させるのである。

特に注目すべき点は、ロキがしばしば女性に変身し子供を産んでいる点だ。これは彼が秩序よりも混沌を体現した存在であると示す、神話的な表現である。世界の神話におけるトリックスターのほとんどは、身体が尋常なものではなく、外見はもちろん性別もしばしば変わる。人間や動物、神など、種族の垣根すら簡単に飛び越えるのだから、孕むくらいなんということはない。ロキが性に奔放なのもまた、彼がトリックスターであることの証と言えるのだ。

18世紀アイスランドの写本『SAM 66』より、魚網を持ったロキ。北欧神話において、魚網はロキの発明とされている。

Gods of abnormal sexuality
異常性癖の神

ロキ

ドスケベの真相 ロキの復活と復讐の日「ラグナロク」

　北欧神話において、未来にかならず起きる最終戦争「ラグナロク」。これは運命付けられた戦いで、避ける方法は存在しない。終末の日に世界は破滅し、生物は死に絶える。それでも神々は、運命に抗う準備を進めているのだ。

　ラグナロク勃発の前兆は、光の神バルドルの死から始まっている。ロキがバルドルを謀殺したことを、神々はかつてない不吉な前兆と受け止めた。だからこそロキを捕縛し罰を受けさせたのだが、これによって地震が多発するようになり、結局は最終戦争のきっかけを作ることになった。

　ラグナロクが勃発する日、ロキは呪縛から開放される。彼は敵へ寝返り、神々への憎悪をむき出しにして、巨人たちを率いてアースガルスへ攻め込むのだ。同時に、彼の産んだ災厄の子たちも立ち上がる。巨大な世界蛇へ成長したヨルムンガンドは海から這い上がり、縛（いまし）めの解けたフェンリルは憎しみの炎を身にまとい、父親ロキの向かう場所へと駆けていく。そして角笛ギャラルホルンが鳴り響き、神々と巨人の最終決戦が始まるのだ。

　最終戦争における対決カードと勝敗もまた、運命によって定められている。フェンリルはオーディンと戦い、これを打ち負かし丸呑みにする。その直後、オーディンの息子ヴィーザルがフェンリルの下あごを切り裂き殺す。最強の雷神トールはヨルムンガンドと戦い、トールが辛くも勝利するものの、ヨルムンガンドの吐いた毒に倒れる。そしてロキは神々の軍勢を蹴散らし、光の神ヘイムダルと戦うが相打ちとなり、ともに大地に倒れるのだ。

　すべての勝敗が決したあと、炎の巨人スルトは炎の剣を振るう。世界は一気に燃え上がり、大地は焼き尽くされ、すべてが海の底へと沈むという。

　だが世界が滅んだあと、世界が再生することもまた、予言によって運命付けられている。さまざまな事情から最終戦争に参加できなかった、あるいは戦いを生き残った神が少なからずおり、彼らは海の底から大地とともに浮かび上がる。人間は男女の1組だけが、世界樹に隠れ難を逃れた。ここから世界は続いていくのだが、その先の未来については予言されていない。

拘束されたロキと、垂れてくる毒を器で受け止めるシギュン。デンマークの画家、クリストファー・エカスベア画。

フレイ
ナチュラルボーンシスターファッカー

　眉目秀麗な豊穣の神。フレイは北欧神話の神々のなかで、もっとも美しいとされている存在だ。古代において、豊作と子宝の神は例外なく崇拝の対象となっているが、このフレイも同じように広く信仰を集めていた。
　さて、豊穣の神と言えば性的にも強い、というのが神話のお約束である。早速、フレイのエピソードを紹介していこう。

性的な逸話は少ないが見逃せないポイントあり

　世界の名だたる豊穣神と比べると、フレイの性的なエピソードは少ない。巨人の女性に一目惚れして恋煩いに苦しみ、紆余曲折を経て結婚したあとはこれといったものはなく、奥さん一筋の真っ当な生活を営んだものと思われる。

　だが結婚する前、まだ独身であったころのエピソードは見逃せない。フレイは実の妹、絶世の美女フレイヤとは近親相姦の仲にあった。しかも妹の肉体にどっぷりとハマり、その関係を誰でも知る所となるほどに、時と場所を選ばずの近親セックスに明け暮れていたのだ。

Gods of abnormal sexuality
異常性癖の神

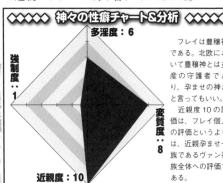

◆◆◆◆◆ 神々の性癖チャート&分析 ◆◆◆◆◆

多淫度：6
強制度：1
変質度：8
近親度：10

　フレイは豊穣神である。北欧において豊穣神とは多産の守護者であり、孕ませの神だと言ってもいい。
　近親度10の評価は、フレイ個人の評価というよりは、近親孕ませ一族であるヴァン神族全体への評価である。

フレイ

神々のドスケベストーリー

　フレイは豊穣の神であり、広く崇拝を集めた存在であった。彼を象（かたど）った偶像はほぼ例外なく、巨大な男根を持つ男性として造られている。大きくたくましい男性器は、豊穣と多産のシンボルであるためだ。

　このように眉目秀麗で美しく、精力にもあふれるという魅力的な男性でありながら、神話内で彼と関係を持った女性はとても少ない。

ドスケベエピソード　妹とのセックスにどっぷりハマる　ムラムラ来たら即合体！

　フレイとフレイヤが近親相姦という関係に陥った理由を知るためには、まず妹である女神フレイヤについて知らなければならない。

　フレイヤは兄と同じく豊穣の神であり、北欧神話の最高神オーディンの妻、フリッグと並ぶもっとも優れた女神である。兄と同じく容姿端麗で、女性としての魅力もまた女神随一のもの。またさまざまな分野において才覚を示（しめ）し、ことに魔法に関してはオーディンに技術を授けるほどに長けている。博覧多識（はくらんた しき）な絶世の美女、外面と内面の両方に恵まれたバリキャリだ。その魅力は同僚の神々はもちろん、敵対する巨人たちでさえ、彼女を求めて騒動を起こすことがあったほど。だがフレイヤは、それらすべてでようやく補えるほどの悪癖を持っていた。性欲が、あまりにも強すぎたのだ。

　フレイヤは魅力的な男を見ると、誘惑せずにはいられない性質であった。その対象は神や巨人、妖精など種族を問わず、父や兄など血縁関係にあってもお構いなしだ。その股の緩さは広く知られたところで、神話内において「ここにいる男は全員、お前の味を知っている穴兄弟だ」「お前の前掛けの下には、たくさんの男が潜り込んだものね」などと揶揄されるほどであった。

　このように見境のない、スタイル抜群の美女に誘われたとあれば、男ならば受け入れる以外ないだろう。さらに言うと、実は北欧神話の時代において、近親相姦はタブー視されていなかった。ムラムラ来たら、すぐそばにいる最高の女性がお相手となる……。フレイは妹の妖艶な肉体をむさぼり、フレイヤは兄の巨大な男根と底無しの精力を愉しむ。ふたりは時も場所も選ばずまぐわり、その関係は世界の誰もが知る所となったのである。

121

これは完全な想像となるのだが、フレイヤはフレイの筆下ろしをしたのではないだろうか。オナニーもセックスも同じことだが、性の悦びを知ったばかりの若者はほぼ例外なく、猿のようにそれを貪るもの。近親相姦のタブーもなく、最高の美女がいつもそばにいる。男がこのような状況に置かれては、時も場所も選ばずの近親セックスに溺れたとしても致し方なしだろう。

ドスケベエピソード 一目惚れして恋の病に すべてを託して求婚を依頼

フレイとフレイヤの爛れた関係が、いつから始まったものかは不明である。だが少なくとも、関係を完全に断ち切った時期だけははっきりとわかっている。フレイがある女性に恋をしたときだ。

フレイが世界を見晴らす玉座フリズスキャールヴに座り、うっとりと世界を見渡していたときのこと。はるか遠く、巨人ギュミルの屋敷の庭に、若く美しい巨人の女性の姿を見かける。フレイはその美女……ゲルズに一目惚れ。食べ物も喉を通らず、眠ることもままならず、誰とも話すことなく、ただ広間に閉じこもり、恋わずらいに悶々と苦しむ日々を過ごしていた。

恋わずらいとはつゆ知らず。息子を心配した父ニョルズは、フレイと幼馴染で非常に仲のよい、従者スキールニルに事情を聞き出してくるよう頼む。スキールニルに尋ねられたことで、フレイはようやく口を開く。見ず知らずの巨人の女性に一目惚れをしたこと、世界が輝くような美しい彼女の腕が忘れられないこと。ゲルズの魅力をひとしきり語ったあと、フレイはスキールニルに、彼女への求婚を依頼するのであった。

ドスケベエピソード 惚れた女はツンツン美女 結婚の代償は終末戦争での敗死

フレイから彼の秘宝である勝利の剣と、強いメス馬を受け取ったスキールニルは、それらを携えてゲルズのもとへと辿り着き、彼女へ求婚のメッセージを伝えた。だがゲルズは、けんもほろろにそれを拒否する。それを受けたスキールニルは勝利の剣を抜き、あらゆる呪いの言葉を浴びせ、受け入れなければ未来永劫呪い続けてやる、とおどしをかけたのだ。

これに折れたのか、ゲルズは求婚を受け入れた。そのあとふたりは仲のよい夫婦となり、家庭円満の象徴となるのだが……。フレイは勝利の剣とメス馬を手放したことにより、終末戦争「ラグナロク」での敗死が定められた。

フレイ

すべては豊穣神であるがため 豊穣の証はセックスである

先述した通り、フレイは豊穣と富の守護神である。世界の豊穣や子宝の神には共通点があり、フレイもまたそれにならっているのだ。要するにフレイが豊穣の神であるからには、自然とそのようになっていく、ということである。

ドスケベの真相　豊穣の神は性豪でなければならない

フレイが妹フレイヤとの近親相姦に明け暮れていたことや、巨大な男根を持っている理由は至極単純だ。同じく豊穣神であるフレイヤも併せて考えた方がわかりやすいだろう。

世界の神話を見ても、豊穣神は性豪が非常に多い。さすがにフレイヤには一歩ゆずることが多いものの、みな好色で、性に対しておおらかだ。作物の豊穣と子孫繁栄は密着する願いであり、それを守護する神が色を嫌っていてはお話にならない。巨大な男根も同様に、富と豊穣を表すシンボルである。フレイとフレイヤは同一の存在として考えられることもあり、よって豊穣神たるこの兄妹が性豪なのは当然で、そうでなくてはならない。フレイの巨根と精力の強さは、豊穣の神として必要不可欠なものなのだ。

19世紀の書籍に掲載されたフレイの挿絵。猪は子宝の象徴である。アメリカ、ジャック・ライヒ画。

ドスケベの真相　妻との婚姻にも由来あり？

ゲルズとの婚姻にもまた、フレイの豊穣神としての機能が備わっているという。神話学者である松村一男は、巨人の女性であるゲルズには、ギリシャの地母神であり、同時にすべての始祖である巨人の女神「ガイア」と同じような役割があるのだろう、と推測している。ゲルズがガイアの残存とするならば、フレイと巨人の女神ゲルズの婚姻譚は、すなわち豊穣神と大地女神の聖婚神話、と考えられるのだ。

123

エンキ

娘とセックスは当たり前！ キングオブ近親相姦

現実世界において、近親相姦は遺伝病にもつながる重大なタブーである。しかし神々の世界では、近親相姦はあたりまえに行われている。なにせ日本神話のイザナギとイザナミのように、世界に兄妹１組しかない場合もあるのだから当然だろう。しかしこのページで紹介するエンキの近親相姦は、明らかに"やりすぎ"と言わざるをえない。

穏やかな性格と深い知恵 水の神は神々の調停役

チグリス川とユーフラテス川、２本の大河にはさまれたメソポタミア地方は、現在のイラク南東部にあたる地域で、中東文明発祥の地とされている。エンキはメソポタミアで信仰されていた水の神であり、知識と魔法の守護神でもある。彼は世界の創造者にして、人類文明を維持する聖なる力の守護者であり、メソポタミアでは神々の王エンリルに次ぐ高い地位をもっていた。

性格は思慮深く、神々が争ったときは大抵エンキが仲裁役を務める。だが常識的な性格にもかかわらず、奇妙な性の神話も持っているのだ。

異常性癖の神
Gods of abnormal sexuality

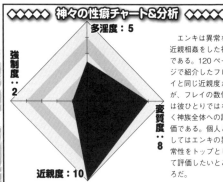

◆◆◆◆◆ 神々の性癖チャート＆分析 ◆◆◆◆◆

多淫度：5
強制度：2
変質度：8
近親度：10

エンキは異常な近親相姦をした神である。120ページで紹介したフレイと同じ近親度だが、フレイの数値は彼ひとりではなく神族全体への評価である。個人としてはエンキの異常性をトップとして評価したいところだ。

エンキ

神々のドスケベストーリー

　メソポタミア神話におけるエンキは、常に冷静で、深い知恵を持ち、神々の争いに双方が納得できる"落としどころ"を見つけることができる賢者のような存在だ。そのためエンキは他の神々にも信頼されている。

　だが、この神話に登場するエンキは、普段の知的な評判はどこへやら。知的というよりは"痴的"と呼ぶべき醜態をさらしているのだ。

ドスケベエピソード　初手「妊婦放置」からはじまる　最低旦那の世界創造神話

　この神話は、水の神であるエンキと、大地の女神であるニンフルサグが、協力して都市と農地をつくり、そこに塩分がない真水を流して、さまざまな生命が暮らせる土地にしたところから始まる。

　国土づくりが一段落すると、エンキはニンフルサグに男根を挿入する。神々のはじめてのセックスである。妻ニンフルサグはふたりのセックスを誰かが覗いていないかと心配するが、エンキは「心配ない」と妻をなだめながらピストン運動を続け、妻の子宮に射精するのだった。しかしエンキは妻とのセックスを終えると、彼女の前から姿を消してしまう。やるだけやっておいて、育児どころか妊婦のサポートすらしない、とんでもない夫もいたものである。現代だったら裁判で負けるのではないだろうか。

　妻ニンフルサグはたったひとりで9日を過ごし、美しい娘を出産した。彼女の名前はニンム。「植物」という意味の名前である。

ドスケベエピソード　娘と孫とひ孫を孕ませる！　世界的にも珍しい「多重近親相姦」

　美しく育った娘ニンムが川辺に姿をあらわすと、それを見つめる男の姿があった。妻ニンフルサグをヤリ捨てした水神エンキである。彼は川岸で遊ぶ美少女の姿を見ながら、自分の従者と、とんでもない会話をしていた。原典では神話らしい荘厳な語り口だが、現代語に訳せばこんな感じだ。

「なあ従者、あのニンムって子、超かわいくない？　チュッチュしたい」

「すればいいんじゃないですか？　見張っておきますんで」

125

こうしてエンキは従者に見張り役をさせ、川辺に飛び降りてニンムにキス
し、当然のごとくセックスに持ち込んで孕ませてしまったのだ。そして妻の
ときと同様にニンムをヤリ捨てると、9日後にはニンクルラという娘が生ま
れた。ニンクルラとは農業という意味である。

ここで問題になることがふたつある。エンキは、ニンムが自分の娘である
ことを認識していたのかどうか。そして、ふたりのセックスはレイプだった
のか和姦だったのかだ。『筑摩世界文学大系1　古代オリエント集』では「エ
ンキはニンムが自分の娘だと認識していない」と断定している。ぜひともそ
うであってほしいものだ。そうでなければエンキは、自分の娘を狙って犯す
ド変態にして性犯罪者ということになってしまう。なお、ふたりのセックス
に合意があったのかどうかは定かでない。この神話にはニンムの側のリアク
ションがまったく記述されていないからだ。

さて、ここまで読んで「嫌な予感」を感じたならば、すばらしい勘の鋭さ
といえる。そう。なんとエンキは、娘ニンムだけでは飽きたらず、孫である二
ンクルラにも欲情し始めたのである。神話における描写は、一字一句違わず
ニンムのときと同じである。エンキはニンクルラにキスをして、抱きしめ、セッ
クスしてたっぷりと精液を流し込んだ。エンキは今回もヤリ逃げし、ニンク
ルラは9日後に娘を産んで「機織り」という意味の「ウットゥ」と名付けた。

さらに、エンキとニンフルサグの夫婦にとってはひ孫にあたるウットゥに
も、スケベ親父エンキの性欲の魔の手が迫っていた。

逃げられ嫁の逆襲！
ひ孫娘ウットゥの貞操は守られるのか!?

ドスケベエピソード

エンキの妻ニンフルサグは怒っていた。怒りの原因が、夫が自分を捨てた
からなのか、ほかの女と浮気したからか、実の娘を犯したからなのかは神話
には書かれていない。ともかく彼女は、エンキがウットゥを犯すことがない
よう、ウットゥに入れ知恵した。エンキがセックスを迫ってきたら、結婚の
結納品として貴重な果物を要求し、求婚を断念させるという作戦だ。

しかしニンフルサグの作戦はエンキに見抜かれていた。彼は果物の世話を
している庭師の仕事を手伝い、対価として果物を受け取ってから、ウットゥ
に果物をプレゼントしにいったのである。ウットゥは喜んでエンキを家に招
き入れてしまい、そのまま対面座位でドクドクと精液を流し込まれてしまっ
た。妻、娘、孫、ひ孫。4重近親相姦が完成してしまったのである。

エンキ

中東の独特の農法を多重近親相姦で表現した

父親が、実の娘を、孫を、ひ孫を、次々と犯していくエンキの神話は、いかに神話の世界では近親相姦が忌避されないとはいえ、あまりにも常軌を逸している。いったいなぜ古代メソポタミア人は、このような神話を作ったのか？ その背景にはメソポタミアの独特の農業習慣があった。

ドスケベの真相 河川の増水を利用する"氾濫原農法"

日本人にとって農業といえば、四角く区切られ水が満たされた水田か、茶色い土に穀物や野菜が栽培されている畑だろう。だがエンキが信仰されていた古代メソポタミアの農業は、それとはまったく違うものだ。

この神話が伝承されていたメソポタミア地方は、チグリス川とユーフラテス川という2本の大河が流れる地域で、「氾濫原」という地形を利用した農業が行われていた。氾濫原とは、雨期になると増水する川の水で、毎年かならず水浸しになる地形のことである。増水がおさまり地面から水が引いてから、そこに麦などの穀物の種をまくのがメソポタミアの農業だった。

川の増水は、作物の生長に必要不可欠な水を大地に大量に供給するだけでなく、作物の生長をさまたげる物質を洗い流し、上流の森林地帯から栄養のある土を運んでくる。増水は氾濫原に豊作をもたらすのだ。

エンキとニンフルサグの神話は、この氾濫原を利用した農業を神々の物語として表現したものと考えることができる。

まず雨期の増水は、ニンフルサグの上にエンキが覆い被さる、つまり大地と河水のセックスと理解できる。そのあとにエンキが妻のもとから去る描写は、大地に作物の種がまかれるのは、増水した水が引いたあとだという農業のあり方を表現している。また、エンキがニンフルサグ（大地）、ニンム（植物）、ニンクルラ（農業）、ウットゥ（機織り）を次々と犯す神話は、大地、植物、農業、布という、人間の暮らしを支える必須の要素が、すべて水の恵みのもとに成り立っていることを説明する神話だと考えられる。

エンキはただの近親相姦趣味の変態ではなく、人類の営みを水の恵みで支える、文明の守護者だったのだ。

セト

神々の玉座は精液で手に入れる！

猿の群れにおいて、オスがほかのオスより強いことを示すために、相手の背中や尻の上に乗る行為を「マウンティング」という。

マウンティングをするのは猿だけではない。神も人間も、自分の強さを見せるために示威行為をするものだ。エジプト神話の神セトなどは、自分の精液を使ってマウンティングをしようとしたことで知られている。

砂漠の悪神セトは両刀遣い！若き神ホルスも貞操の危機

セトはエジプト神話の戦いの神にして砂漠の神である。上エジプト（ナイル川中流部）で篤く信仰されていた。だが下エジプト（ナイル川下流部）の勢力が強くなると、セトはしだいに悪役化し、砂漠で起こる混乱や暴力の原因とされたり、神話の悪役として描かれるようになっていく。

その凶暴さは性的な方面でも多々強調されることになり、東方の戦女神たちをモノにして暴れ回った。同性愛もOKで、天空神ホルスとの関係は叔父と甥の権力争いを超えて、少年愛の要素を含む対立と和解の物語とも解釈される。

Gods of abnormal sexuality
異常性癖の神

◆◆◆◆ 神々の性癖チャート＆分析 ◆◆◆◆

多淫度：5
強制度：7
変質度：8
ベッドヤクザ度：9

甥っ子を自分のベッドに誘おうとするセトの行動は、端的に言ってキモイ（ド直球）。権力争いでマウンティングするために、嫌々やったんだという弁解を期待したい。本人がノリノリだったら嫌すぎる。

128

セト

神々のドスケベストーリー

　エジプト神話における砂漠の悪神セトは、天空神ホルスの宿敵にして剛力無双の武闘派である。しかも女性関係においては女神のハーレムを作り、姉イシスの色香に迷い、甥っ子ホルスの尻すら狙う両刀使いであった。

　のちに魔王サタンの原型になったともされる世界最古の悪の神は、ベッドの中でも、外でも（性的に）大暴れだったのである。

ドスケベエピソード　砂漠の悪神は、女神のハーレムでパワーアップ

　セトはエジプト神話における砂漠の神であり、両親は大地の神ゲブ（➡p38）と天空の女神テフヌト。兄弟に冥界の王オシリス、玉座の守護女神イシス、葬祭の女神ネフティスがいる。

　エジプト神話においては兄と妹で結婚するケースは珍しくなく、セトもまた妹である女神ネフティスと結婚、やがて冥界神アヌビスが生まれた。だが実はアヌビスの本当の父親は兄オシリスなのだという。「泣く女」との異名を持つネフティスは乱暴なセトを嫌って、姉イシスと結婚した兄オシリスを逆レイプしてしまったのだ。

　妻を寝取られた上に子供まで作られたとあっては沽券に関わるどころではなく、セトは激怒して兄オシリスを殺して遺体をバラバラにしてしまった。だがネフティスはイシスとともにオシリス復活の儀式を行い、そのあと、葬祭の女神となってしまったのだった。

　父はなくとも子は育ち、やがてオシリスの息子ホルスが成人して父の役目を引き継ぎたいと望んだ。それは当然の希望ではあったのだが、セトはそんな青二才に渡すなら自分に玉座を寄越せと主張した。

　神々は相談した結果、オシリスの役目は息子ホルスに継がせ、そしてセトには太陽神ラーの娘であるふたりの女神アナトとアスタルテを与えて懐柔することにした。このふたりはもともと東方から来た戦の女神であり、アナトは聖なる牛とも同一視される「戦場の処女神」、アスタルテは快楽を是とするバビロニア（現在のイラク南部）の金星の女神イシュタルの流れを汲む女神である。

129

ふたりの美女を贈られてセトはいったんは満足したように見えたが、これだけではおさまらなかった。結局、セトはホルスに挑戦して激しい競争を展開することになる。

ドスケベエピソード　妹に裏切られても姉なら大丈夫……でもなかった、姉イシスの色香に騙される

オシリスの後継者を巡って、セトは神々の前で自分の権利を強く主張した。神々の母たる戦いと知恵の女神ネイトや、ホルスの母であるイシスはホルスを推薦したが、太陽神ラーはセトの肩を持った。さらにセトが、反対する神々を棍棒で殴り殺して回ると脅迫したため、神々の会議は紛糾した。

やがて「中の小島」という場所で最後の会議が行われることになった。ラー神はイシスの介入を嫌って渡し船の船頭に「イシスに似た女性を島に渡してはならない」と命じていたのだが、イシスは老婆に化けたうえで船頭を買収し、まんまと島に入り込んだ。

続いてイシスは絶世の美女に化けてラーの宴会に紛れ込み、セトを誘い出した。女神の魔術でセトにだけ性的な魅力をアピールしたのである。イシスはいちじくの木の陰でセトと密会し、牛飼いの未亡人という設定で「息子の財産について」相談した。このときふたりきりの密会で何があったのかはっきりとは描かれていないが、当時いちじくには性的な意味があったので、これはイシスがセトと性行為に及んだことの暗喩なのかもしれない。ともあれ色仕掛けの甲斐あって、イシスはまんまとセト自身の口から「親の地位は子供が受け継ぐのが正しい」と言わせることに成功した。

セトは姉イシスの色香に負けて神々からの支持も失い、玉座を受け継ぐことはできなかった。

ドスケベエピソード　セトとホルスの激闘　延長戦はだいたいシモ関係

そのあともセトとホルスは玉座を巡って何度も決闘や戦いを行った。

だがいつまで経っても決着がつかず、これでは埒が明かないと、とうとう神々はセトとホルスに戦いを止めるようにと命じてきた。

だがホルスはともかくセトは諦める気などさらさらなかった。和解のためにとホルスを家に招き、そのあとに家に泊まっていけと提案したのである。寝台はひとつだけだったが、これもまた和解の証とホルスはセトと同じ寝台で寝た。

セト

　ところがセトはベッドの中でも暴れん坊であった。セトは男根を固く勃起させてホルスの股間に差し込んだのだ。戦場での戦いを禁じられたセトは、ベッドでの戦いを挑んだのである。ホルスは神々の手前ベッドからも逃げられず、セトの男根はホルスの尻穴へじりじりと近づいてくる。そこでホルスは機転を効かせ、セトの男根を太ももで挟み込んで尻穴に挿入したと誤認させ、満足げに発射されるセトの精液を手のひらで受けて難を逃れたのだった。ちなみにホルスの母イシスは、セトの精液に穢された息子の両腕を切り落とし、もっとたくましい腕を生やしてやったという余談がつく。

　さて、次はホルスの逆襲のターンである。ホルスは自分の精液を入れた壺をセトの畑に持ち込んで、大きく育ったレタスにドバッとぶっかけた。なにを隠そう、セトはレタスが大好物なのだ！　セトはホルスの精液がたっぷりかかっているにもかかわらず、レタスを美味しく食べてしまった。シーザーサラダとでも勘違いしたのだろうか？

　そのあとセトは神々の前で「ホルスを犯してやった（だから俺のほうが偉大な神だ）」と主張する。だが神々が呼びかけても、ホルスの体内からはセトの精液は検出されない。逆にセトの体内からホルスの精液が返事をする始末（神々の精液は会話ができるのだ！）で、セトの面子は丸つぶれになったという。

ドスケベエピソード　古代エジプト激震!!　砂漠の悪神は、実は両性具有だった!?

　セトが知らぬままホルスの精液を食してしまったことは、彼の悪事を証明することとなった。ただしそれよりも重要なのは、このときセトはホルスの精液を口に入れたせいで妊娠したと書かれていることである。

　そのため後年セトは純粋な男性神ではなく、両性具有の神だったのではないかとする説が生まれた。また、セトはネフティス、アナト、アスタルテという複数の女神を妻としたが、子供は浮気でできた（セトの血を引いてはいない）アヌビスだけである。その理由はホルスが呪いをかけてアナトとアスタルテの膝を閉ざした（不妊にしたということ）ためとされているが、このこともセトが両性具有と考えられた一因ではあるようだ。

　いずれにせよホルスとの戦いに最終的にセトは敗れ、オシリスの裁判によって、枷をはめられ睾丸と陰茎を切り取られた上で砂漠へと追放された。足を封じて去勢する以外に、この性豪にして争い好きな神を止める方法はもはや存在しなかったのである。

131

エジプト古代史の変遷を体現する"ファラオの力"

セトはかつては（性的にも）無敵の神だったが、時代を下るにつれて（性的にも）暴虐な神となっていった。彼の性格の変遷は古代エジプトの数千年以上の歴史、32 もの王朝に君臨した大勢のファラオたちの、暗闘の歴史があったのである。

ドスケベの真相　上エジプトを代表する武勇の神

ひとくちに古代エジプトと言っても、ナイル川流域で栄えた文明は数千年以上の歴史がある。そこには統一王朝だけで 32 もの王朝が勃興と滅亡を繰り返しており、強大な神であったセトもまた、時代にあわせた変化を余儀なくされた。

セトという神格が生まれたのは紀元前 4000 年ごろまで遡る。武勇に優れた怪力の神であり、古くは天空神ホルスと対等な存在として、このふたりがそろってファラオに王権を授けるものとされていた。

エジプト神話では王権の強さを性的な強さで表現する傾向があり、しばしばファラオは勃起した姿で描かれる。ファラオの守護者であるセトとホルスも当然その影響を受けて、やがて彼ら自身が勃起して描かれるようになった。

さらにセトには太陽神ラーを守って悪しき蛇アペプを殺した逸話もある。古代エジプトにおいて蛇は不死性を備えた生き物だった。

これらが組み合わさった結果、ファラオの精力と蛇の不死性を兼ね備えた性豪神が誕生したのであった。

ドスケベの真相　政治的な変化で悪の神に

セトへの信仰は上エジプト（現在のカイロ南部からアスワン周辺まで）が中心だったので、やがて下エジプト（カイロ以北）にある都市ヘリオポリスが政治経済の中心となると、もっぱら悪神と見なされるようになった。

さらにセトへの悪印象を加速したのは異民族の侵入である。紀元前 1720 年ごろ、エジプトに東方フェニキア（現在のレバノンやシリア周辺）から新勢力が侵入してきた。彼らはエジプト初の異民族王朝（第 15 王朝）を建て、

戦女神アナトや地母神アスタルテなど故郷の神々への信仰を持ち込む一方で、砂漠の神セトを自分たちの主神として選んだ。セトがアナトとアスタルテを妻にしたという神話はここから生まれている。

ただしこれはエジプト側から見れば「神々の裏切り」であり、セトはナイル渓谷の守護者から裏切り者の悪魔へと印象を変えていった。

それでもセトの強さは神話で語られ続け、正統なエジプト人王朝が復活した中王国時代以降も、セトナクト（勝利はセトに）、セティ（セトのごとき）などセトにまつわる勇猛さをあらわす名前をファラオが名乗ることがあった。第19王朝のラムセス1世、ラムセス2世が、セトを信仰した強大な王として特に有名である。

ただ時代が下るにつれてエジプトは対外戦争が多くなり、それとともにセトはますます信仰されなくなっていった。この影響はエジプト帝国滅亡後も残り、ユダヤ人（エジプト帝国の虜囚となった時期がある）を経由してセトはサタンに習合され、キリスト教の悪魔の王へと変化していくことになる。

ドスケベの真相　性豪伝説は、生殖の神ミンの影響

セトが性豪の神とされるようになった理由はまだあり、生殖機能の最高神ミンと習合されたことである。ミンはナイル川の東側に広がる砂漠地帯で信仰されていた古い神で、役割はセトと似ていたのだが、こちらには男性の生殖機能を守護するという役割があった。このためミンは三千年以上に渡る古代エジプト文明を通じて崇拝の対象となった。

ミンは性器を勃起させた姿で描かれ、ゲブトゥ（大地の神ゲブ（→ p38）に由来する都市）を中心に古くから信仰された。完全な男性で男根を勃起させた姿の他に、ミイラになっているのにやっぱり勃起している姿で描かれることがある。

ドスケベの真相　謎の白い液体の正体とは

新鮮なレタスの茎の部分に、白濁した液がにじんでいるのを見たことはないだろうか？　あの白い液はレタスの仲間に共通のものなのだ。

かつてはセロリのような細長い外見をしていた原種レタスは、その白い液から精液との関係を連想され、催淫作用を持つ植物だとして、男根の守護神ミンの神殿で栽培されていた。セトの好物がレタスなのは、セトの信仰がミンの信仰と合体したことによる。つまりセトの好物は媚薬なのだ。

133

シヴァ
バターになるまでセックスしよう

最高に気持ちのいいセックスをすると、パートナーと体が溶け合って一体になったような感覚を覚えるという。もちろんこういった表現は"ものの例え"に過ぎないのだが、人間ではなく神々なら有言実行も可能である。このページで紹介するインド神話の神シヴァは、セックスのやりすぎで嫁と文字通り"合体"してしまった神である。

生命の力を守護する神だが最後には破壊をもたらす

インド神話には、3柱1組の最高神がいる。シヴァはその片割れで、寿命が尽きた世界を壊す役目を与えられた破壊神である。神像などでは腕が4本以上ある姿で描かれることも多い。

シヴァはもともと暴風雨の神であり、古い時代にはルドラという名前で呼ばれていた。現在では破壊神という役目を持っているシヴァだが、もともとは大地に恵みの雨をもたらしたり、その黒光りする立派なペニス「リンガ」が信仰対象になるなど、豊穣や多産の守護神、健康や幸福をもたらす神としても篤く信仰されていた。

Gods of abnormal sexuality
異常性癖の神

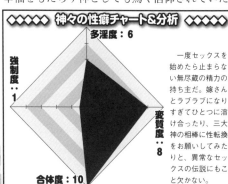

◆◆◆◆◆ 神々の性癖チャート&分析 ◆◆◆◆◆

多淫度：6
強制度：1
変質度：8
合体度：10

一度セックスを始めたら止まらない無尽蔵の精力の持ち主だ。嫁さんとラブラブになりすぎてひとつに溶け合ったり、三大神の相棒に性転換をお願いしてみたりと、異常なセックスの伝説にもこと欠かない。

シヴァ

神々のドスケベストーリー

　破壊神シヴァは、クソの二文字がつくほど真面目な神である。インドでは神々も修行をして力を磨くのだが、シヴァが神話に登場するときは、たいてい修行のために瞑想している。女性は嫁一筋で、浮気の気配もない。

　そんな真面目な神がなぜ「ドスケベな神々」に並んでいるのか。理由は単純だ。シヴァの男根「リンガ」に、あまりにもすごい力があるからだ。

ドスケベエピソード　神話史上有数のラブラブ夫婦　そのなれそめを覗いてみよう

　シヴァ神の妻はパールヴァティーという女神である。神話では彼女のほかにも、戦神ドゥルガー、狂戦士カーリー、川神ガンガーなどがシヴァの妻としてあがる名前だが、ドゥルガーとカーリーはパールヴァティーと同一人物だという説が有力だし、ガンガーは脇役に近い。「シヴァの妻」といえば、パールヴァティーのことだといって間違いない。

　シヴァとパールヴァティーは世界の神話でも有数のラブラブ夫婦なのだが、この関係が構築されるまでには長く苦しい物語があった。まずはこの夫婦のなれそめを紹介していこう。

　神にも近い力を持つ「聖仙」のひとりダクシャには、サティーという娘がいた。彼女は常々シヴァのことを慕っていたのだが、父であるダクシャがシヴァを嫌っていたため結婚を認めてもらえないでいた。

　あるとき、ついにサティーは自分の結婚相手を決めなければいけなくなった。彼女が投げた花輪を首に掛けた者がサティーの夫となるのだ。しかし、父親が選んで集めてきた花婿候補のなかにシヴァの姿はない。

　愛する人と結ばれない絶望を胸に抱きながら、サティーが花輪を投げると……それまでそこにいなかったはずのシヴァが瞬間移動でもしたかのように出現し、吸い込まれるようにシヴァの首に花輪が掛かったのだ。いかに気に入らない相手だとはいえ、聖仙ともあろうものが約束を違えるわけにはいかない。サティーはこうしてシヴァを夫にすることができたのだった。

　しかし結婚は認めたとはいえ、ダクシャがシヴァのことを嫌っていることに変わりはなかった。ダクシャは神々を招いてお供え物を提供する盛大な祭

135

りを開いたが、そこにシヴァを呼ばないという暴挙に出た。現代の感覚では程度がわかりにくいが、あえて例えるなら国連の会議から特定の国を追い出すくらいの、とてつもなく失礼な行為である。サティーは夫への侮辱に猛抗議したが、逆に夫を馬鹿にされる始末。激怒したサティーは、父親の横暴に抗議するために、なんと焼身自殺してしまったのだ。

　シヴァは本来寡黙な性格で、ダクシャに侮辱されても感情を荒立てることはなかった。しかしサティーの抗議の自殺を知ったシヴァは怒り狂い、破壊神の本性を全開にした。ダクシャが主宰した供犠祭は徹底的に破壊され、シヴァは妻の遺体を抱いて世界中を放浪しては、目に付く都市をかたっぱしから破壊するようになった。

　これを見かねたのがシヴァとともに最高神をつとめるヴィシュヌ神である。彼は光の円盤を投げ、サティーの遺体を細かく切り刻んだ。するとなぜか、シヴァは正気に戻ったという。このときサティーの遺体の破片がインド中に散らばり、新しい女神へと生まれ変わった。そのなかの、もっとも重要なひとりがパールヴァティである。つまり、シヴァの妻とされる女神は、みな元をたどれば同一人物だということになる。

ドスケベエピソード　嫁とのエッチはぜんぜん飽きない！ 数百年耐久子作りはいつまでも

　シヴァという神は真面目な神である。そして凝り性な神である。ひとつのことを始めると、ひたすらそのことだけに没頭し、ほかのことにまったく気を回さなくなってしまうのだ。

　このように、精神集中が極限まで高まった状態のことを、インドのヒンドゥー語で「サマーディ」という。このサマーディが中国に伝わって漢字訳されたのが、日本人にとってもおなじみの「三昧」という言葉だ。つまりシヴァは「○○三昧」の神だと言ってもいいだろう。

　凝り性なシヴァは、何をやっても「三昧」状態になってしまう。もちろんセックスだって同じだ。一度男根をパールヴァティの女性器の中に入れたなら「ラブラブ夫婦エッチ三昧」のはじまりである。ある神話では、神に近い力を持つ修行者「聖仙」たちが、シヴァに質問をするためにシヴァの屋敷へやってきたのだが、そのときシヴァは「ラブラブ夫婦エッチ三昧」の真っ最中。何百年待ってもシヴァのセックスが終わらないので、聖仙たちはあきらめて帰宅したという物語が残っている。

このように、一度セックスをはじめるといつまでも離れないこの夫婦。そのうち溶けてひとつになってしまうのではないかと思えてくるが、実際にシヴァの信仰においては、シヴァとパールヴァティーの夫婦が溶け合って一体になってしまうことがある。右半身がシヴァ、左半身がパールヴァティーになったこの形態のことを「アルダナーリーシュヴァラ」と呼んでいる。これはシヴァと妻の「性の力」が結びついた究極の形態なのだという。

シヴァ、唯一の浮気は性転換娘？ TS女神モヒニちゃんとの誘惑バトル

　神話界有数のラブラブカップルであるシヴァとパールヴァティ。だが、ある神話によると、シヴァは一度だけ浮気をしたことがあるらしい。

　かつて神々と、神々のライバル「アスラ族」が一時的に協力し、飲んだ者に不老不死の力を与える霊薬「アムリタ」を作り出したことがあった。このときアスラ族にすべて奪われそうだったアムリタを、アスラたちを色仕掛けで誘惑することで取り返した「モヒニ」という超絶美少女がいた。実は彼女の正体は、最初の神話にも出てきたインドの最高神のひとり、維持の神ヴィシュヌだった。男性の神であるヴィシュヌが、女神の肉体に「化身」することによってモヒニになるのである。つまりモヒニは性転換美少女なのだ。

　歌舞伎の世界でも「男性は男心が分かっているので、男性が女装したほうが色っぽくなる」と良く言われる。普段は既婚者の神々がこぞって夢中になる美女にもピクリとも反応しないシヴァが、モヒニの姿には心を動かされてしまったらしい。「これではいけない！　誘惑に負けない強い心を鍛えなければ！」と決心したシヴァ神、妻と一緒にヴィシュヌを訪れると……
「ヴィシュヌよ！　私の前でもう一回モヒニちゃんにTSしてくれ！」
　……などと言い出した。

　渋るヴィシュヌだが、ふだん無口で控えめなシヴァの、たっての願いである。無視するわけにもいかずヴィシュヌが変身すると、あまりにも可憐なモヒニの姿にシヴァの性欲は暴走。その場で合体し始めてしまう。これには目の前で見ていた妻パールヴァティもドン引きである。結局シヴァはこの性交で新しい神まで孕ませてしまい、修行は失敗に終わったのだった。

　なおシヴァの名誉のために弁護すると、この神話には時代や地域ごとに数多くのバリエーションがあり、ほとんどのパターンではシヴァが欲望に打ち勝ったことになっていることを補足しておきたい。

シヴァ信仰のご神体はおち◯ちんだ!!

多くの宗教は、信者たちが"そこに神がいると思って"祈りを捧げる、いわゆる「ご神体」を持っている。例えば仏教であれば仏像がこれにあたる。シヴァ信仰のご神体は非常に独特なものだ。なんとシヴァの信者たちは、シヴァ神の「男性器」をかたどった石に祈りを捧げているのだ!

ドスケベの真相 シヴァ信仰のご神体「リンガ」

破壊神シヴァの信者はインド南部に多い。南部のシヴァ信者たちは、シヴァ神に祈りを捧げるときに「リンガ・ヨーニ」という像を使用する。

これは、注ぎ口がついた石の円盤ヨーニの上に、円柱のような石リンガが乗っている構造物で、石の円盤はパールヴァティーの女性器を、太い円柱はシヴァの男根をあらわしている。このふたつを重ねることによって、夫婦神の神聖なセックスを表現しているのだ。

リンガ・ヨーニは右の写真のように配置されているが、これはシヴァの男根がパールヴァティーの膣口を貫いた瞬間を、女神の胎内から見ている様子をイメージしている。つまり神殿のなかに置かれたリンガ・ヨーニを信者が目にしたとき、信者はすでに女神の胎内にいることになるのだ。セックスの場面を描いていることから、リンガはかならず上に向かって突き上げるような位置に置かれる。決して横に寝かせて置かれることはない。

また、神殿によっては、リンガ・ヨーニの上空から、リンガに当たるようにぽたぽたと水滴を垂らすところもある。これは別にリンガを清めているわけではなく、シヴァ神の生命活動を演じているのだ。つまるところぽたぽたと垂れ落ちる水は、シヴァ神の精液をイメージしていることになる。

インドの首都ニューデリーの寺院にある大小4つのリンガ・ヨーニ。撮影：Varun Shiv Kapur

Gods of abnormal sexuality
異常性癖の神

シヴァ

ドスケベの真相 みんな大好き! おち○ちん崇拝

古来より男根は信仰の対象とされてきた。精液を吐き出して女性を孕ませる男根は、単なる生殖器を超えた神秘的な力があると信じられてきたのだ。

一般的な男根崇拝では、人間の本物の男根ではなく、木や石で作られた男根像をつくって、それを崇拝対象とする。人々が男根像に願うものは主にふたつ。人間や家畜がたくさん子供を生むことと、農作物がたくさん実って豊作になることである。変わったところでは、男根像を悪霊払いのお守りとして常備することもある。男根が有する強い生命力が、悪霊すら退けるという考え方だろう。

ドスケベの真相 世界の男根崇拝今昔

男根崇拝は、現代においては「野蛮」「奇祭」というイメージが強くなっているが、かつては世界の文明国においても盛んに男根崇拝がおこなわれていた。例えば古代ギリシャの男根崇拝については、22ページのプリアポスで紹介したとおりだ。アフリカにおいては、文明のゆりかご、ナイル川に育まれたエジプト文明に、133ページでもすこし紹介した男根神ミンの信仰があったり、母神イシスの信仰において、イチジクの木で作った男根の模型が儀式に使われたりなどの例が見られる。

性的な表現とは無縁に思えるキリスト教にも、男根崇拝の痕跡が見られる。19世紀フランス、サントという街のカトリック信者たちは、イエス・キリストの復活祭直前の日曜日を「ペニスの祭」とし、信者たちに男根の形をしたビスケットを配布する習慣があった。また無数の聖人が男根と関連づけられ、不妊治療を望む女性や、勃起不全に悩む男性に崇敬されていたようだ。(キリスト教では神以外のものを崇拝してはいけないので、聖人に敬意を示すことを「崇敬」と呼んで区別する)

そしてなんといっても「男根崇拝」といえば、わが日本を外して語ることはできない。世界から注目を集めている、神奈川県川崎市、金山神社の「かなまら祭」は、ピンク色に塗られた男根を御輿として担ぐ祭で、1977年ごろから始まった比較的新しいもの。もっと歴史の古いものも多く、岩手県の金勢山にある男根像、兵庫県は雌岡山の巨大男根石、山口県長門市の魔羅観音など、あげはじめればきりがないほどだ。この機会に身近にある男根像を調べ、一度見物に行ってみるのはどうだろうか。

ランギ
ヤってヤってヤりまくれ！

　北はハワイ、南西はニュージーランド、南東はモアイで有名なイースター島に囲まれる三角形のエリアに属する島々を、ポリネシア地方と呼んでいる。この地域には天空神と大地母神の夫婦からはじまる、ほぼ共通の内容の、世界創世神話がある。
　この夫婦神は、セックスにまつわるおもしろい神話をいくつも残している。

天空神と大地母神の夫婦は世界そのものだった

　ポリネシア地方の大地女神の名前は「パパ」という。夫である天空神の名前は地域によって異なり、ニュージーランドに近い地域では「ランギ」、ハワイに近い地域では「ワーケア」と呼ばれることが多い。ランギは「天」、ワーケアは「大気、空間」という意味の名前である。
　マオリ族の神話によれば、ランギとパパは、暗黒の混沌のなかから産まれ出た最初の神であり、森の神、嵐の神、魚の神など多くの神々を産んだ原初の夫婦である。ふたりはポリネシアの世界にさまざまなトラブルを起こしている。

◆◆◆◆◆ 神々の性癖チャート＆分析 ◆◆◆◆◆

多淫度：5
強制度：1
変質度：5
執着度：9

ランギのセックスにかける情熱はすさまじい。穴がないなら開ければいいじゃないと妻の体を工作して挿入穴を作りだし、いざセックスをはじめれば、永遠にヤりつづけたいとゴネて、未練がましく泣く始末。

ランギ

神々のドスケベストーリー

　ランギ（あるいはワーケア）は、94ページで紹介したマウイと同様、ハワイ、ニュージーランド、イースター島の3地点を頂点とした三角形の地域「ポリネシア地方」で広く信仰されている神だ。

　この本ではポリネシアの各地で伝承されているランギまたはワーケアの神話のなかから、特におもしろいものを3つご紹介したい。

ドスケベエピソード
ま○こがないなら作ればいいじゃない！
天空神ランギの女性器工作

　『本当はドスケベな世界の神々』は、神々のあきれたセックス事情を紹介する本である。ところがここで紹介するサモア島の神話では、本書の存在意義を揺るがす重大な事件が発生していた。なんと女神パパの股のあいだには、セックスに必要不可欠な女性器がなかったのだ‼　この問題を夫たるランギはどう解決したのだろうか？　原典となる神話には数行の無味乾燥な描写しかないので、若干の脚色を交えながら、その一部始終をご紹介しよう。

　パパの股には、つるんと平たい岩盤が張り付いているだけで、"こすりつける"のにちょうどよい突起すらない。これでは自分の煮えたぎるような性欲をどう処理すればいいのか……パパの夫であるランギは閃いた。

「男根を入れる穴がないなら、開けてしまえばいいじゃないか！」

　ランギはさっそく作業にとりかかった。まずは鋭く尖ったサメの歯を用意する。そしてこのサメの歯をナイフのように握り、妻の股間にあてがって、ガツガツと穴を掘削したのである。作業が終わると、ランギはさっそくできあがった穴に男根を挿入して、積年の性欲を心置きなく注ぎ込んだ。こうしてパパは妊娠し、世界を支える多くの神々を産み出したということである。

ドスケベエピソード
穴があるなら抜くわけない！
ランギとパパのドロドロセックス

　神話ごとに経緯は異なるが、晴れて夫婦らしくセックスをはじめたランギとパパ。はじめて経験したセックスはとてつもない快楽で、夫婦は一生このままでいたいと願うほどだった。さすがに神といえど出産のときは男根を抜

141

いたに違いないが、それ以外の時は常に入れっぱなし。そういえばポリネシア地方といえば、男根を女性に挿入したまま何時間もピストン運動をせず、ひたすら会話やキス、愛撫をしつづけて限界まで性感を高めるというセックスの技法「ポリネシアン・セックス」で有名である。ランギとパパはポリネシアン・セックスの元祖と言ってもよいだろう。

ここで問題となってくるのが生まれ落ちた子供たちである。彼らは生まれたあと、大地母神パパの体の上に住んでいた。そして常に父親であるランギの体とのあいだに挟まれてもみくちゃにされており、暗いわ熱いわ性臭がクサいわで最悪の環境であった。

子供たちは相談した。この最悪な状況を脱するには、父と母と殺してしまうか、父と母を引き離して自分たちの生存空間を確保するしかない。彼らは後者を選んで実行し、父ランギを天空に押し出すことで生存空間を手に入れた。

なお、子供たちによって引き離された夫婦は悲しんだ。ニュージーランドのマオリ族の言い伝えによれば、朝露はランギが天空から落とした悲しみの涙であり、立ち上る霧は、パパが夫のことを想って漏らすため息なのだという。

ドスケベエピソード　浮気者のダメ旦那は「仕返し浮気」でノックアウト！

ポリネシア西部の天空神ランギは、ハワイなどのポリネシア東部ではワーケアと呼ばれている。パパ一筋だったランギと違ってワーケアは浮気性な神だ。彼ら夫婦の浮気にまつわる神話がハワイに残っている。

ワーケアとパパの夫婦の子供は島だった。彼らはまず、ハワイ島、マウイ島、カホオラウェ島を産んだ。しかしここで大地母神パパは故郷に一時帰省してしまう。妻の目が届かない今は浮気のチャンス！　ワーケアはふたりの女性と浮気をして、それぞれラナイ島、モロカイ島という子供を作ってしまった。

夫の不倫を伝え聞いたパパは激怒した。そして、夫に対して恐ろしい復讐をすることにした。「あんたが浮気するなら、あたしだってよその男の種で孕んでやる！」パパは有言実行で別の男の種を宿し、オアフ島を産んだのだ。

妻の復讐にランギは震え上がり、反省したランギと仲直りセックスをしたパパが産んだのが、カウアイ島とニイハウ島の双子島である。

ちなみにオアフ島は、ハワイの州都ホノルルがある島である。ハワイ旅行に行くことになったら、「この島がカウンター不倫セックスで産まれた島かぁ」と噛みしめながら、オアフ島の大地を踏んでいただきたい。

Gods of abnormal sexuality
異常性癖の神

142

ランギ

島国の女神はぽこぽこと島を産む！

ワーケアとパパがハワイの島々を産んでいく神話を見て、どこかで見たような「既視感」を感じた人は、かなりの神話フリークだといっていいだろう。実はこの神話、日本の神話にとても良く似ている。どうやら複数の島々が連なる列島国家では、似たような神話が作られるらしい。

ドスケベの真相　『古事記』の島産み神話

日本最古の歴史書にして神話書である『古事記』によれば、我々日本人が住む日本列島を作ったのは、イザナギとイザナミという夫婦神である。

イザナギとイザナミは、何もない海の上に降り立つと、神々から与えられた聖なる矛「天沼矛」を海の中に突き入れて、混沌とした大地をかき混ぜた。矛を海中から引き抜くと、矛から滴り落ちたものが積もって、まず「オノゴロ島」という小さな島が産まれた。

イザナギとイザナミは大地に降り立って結婚し、新婚初夜セックスに失敗して初めての子供を流産させてしまうなどのトラブルに見舞われつつも、正しい子作りの方法をマスターして次々と日本列島の島を産み落としていった。

ドスケベの真相　太平洋地域の島国の創造神話を比較すると……

ハワイの神話と日本の神話の共通点は、列島の島々が男女の神の子供であること。そして彼らが「神であり、島でもある」存在であることだ。

このように日本神話とハワイ神話の国造り神話には共通点が多いが、同様の神話を持つのはこの２地域だけではない。ニュージーランドの先住民であるマオリ族は、神が海のなかから島を釣り上げた神話を持っているし、フィリピンの東方海域に浮かぶカロリン諸島には、神が天から土を投げて最初の陸地を作ったという神話がある。これはオノゴロ島の神話とそっくりだ。

直線距離にして6000キロ以上離れた３つの地域が、似たような創世神話を持っているのは非常に興味深い。おそらく日本の神話の骨格には、南太平洋の島々を船で渡っていた海洋交易民族が、口伝えにしてきたさまざまな神話が、現代まで息づいているのだろうと思われる。

性交体位の文化と歴史
~ History of Sex position ~

性交体位とは何か。
それは、男女がおたがいの性器を挿入する姿勢である。

男女が好む性交体位は、時と場所によって大きく異なる。
時には宗教が体位を規定することすらある。
中世ヨーロッパの人々は正常位で交わり、
中国人は後背位を、インド人は騎乗位を好む。
このような性交体位の地域差はどのように生まれたのか？

このページでは、世界で代表的とされる5種類の性交体位と、
性器の結合をともなわない2種類の性的サービスについて、
体位の発展の歴史や、地域ごとの体位の評価について紹介する。

性豪な神々を溺れさせ、人類の発展の源となったセックス。
その理解を助けるものとなれば幸いである。

本書で紹介する性交体位

このページでは、男女を悦楽の境地に招く、7つの性交体位について説明しようではないか。

ゼウス

① 後背位 …………………… p145
② 正常位 …………………… p146
③ 騎乗位 …………………… p148
④ 座位 ……………………… p150
⑤ 側位 ……………………… p151
⑥ 肛門性交 ………………… p152
⑦ 口淫 ……………………… p154

性交体位の文化と歴史 ~ History of Sex position ~

性交体位の文化と歴史 ①

後背位
~ doggy style ~

人類の誕生以前から愛された体位

　後背位とは、女性が男性のほうに臀部を突き出し、男性が女性の後方から男性器を挿入する体位である。

　英語では「Doggy style」、犬の体位と呼ばれる。インドでは「牛の性交」、イタリアでは「小さい羊」という意味の名前で呼ばれており、世界的にも「動物の体位」と認識されていることがわかる。

体位の歴史　原人も神々も、後ろから交わった

　後背位は、人間の歴史上もっとも初期から愛されていた体位と見て間違いない。なぜなら人類と祖先を同じくする猿は、「ボノボ」という名前のわずか1種類の猿をのぞいて、交尾のときに後背位で交わる習慣があるからだ。

　人類がまだ言語を持っていなかった旧石器時代の洞窟壁画にも、男女が後背位で交わっているものがある。

イザナギとイザナミの夫婦神がセキレイの交尾から性交を学ぶ絵巻。江戸時代前期の浮世絵師、西川祐信の作品。ニューヨーク、メトロポリタン美術館蔵。

　また、日本最古の歴史書『古事記』によれば、日本の創造神であるイザナミとイザナギの夫婦神は、セックスのやり方を、セキレイという小鳥の交尾から学んだ。セキレイの交尾は後背位で行われるので、日本神話の最初の性交は後背位だったと考えてよいだろう。

　後背位という体位には、生殖戦略上の優位性もある。後背位から男根を挿入すると、正面からの挿入よりも約2.7cmほど奥まで"届く"のだという。男根が小さかったり、太っている男性にとって福音となるに違いない。

性交体位の文化と歴史 ②

正常位
~ missionary position ~

キリスト教に選ばれた「唯一神が認める体位」

正常位とは、女性が仰向けに地面に寝そべり、男性は女性に向かい合い、あるいは覆い被さるような姿勢で交わる体位である。

英語では missionary position、「宣教師の体位」と呼ばれる。これは、英語圏で信仰されているキリスト教が、この体位のみが神の教えに合う体位だとして、信者に推奨したからである。

体位の歴史 ホモ・サピエンスだからこそ可能な体位

前のページで述べたとおり、「猿」たちは、後背位で交尾する習性がある。「ボノボ」という、ごくごく一部の例外を除いて、正常位で交尾をする猿は存在しない。これは人体のなかでもっとも大きな骨、上半身を支える「骨盤」の角度に関係している。

ホモ・サピエンス、すなわち人間の女性の骨盤は、背筋を伸ばした直立歩行を選択した結果、前向きに傾いている。そのため体の前方からでも後方からでもペニスを受け入れることができる。しかし猿の骨盤は四足歩行を基本としているため、骨盤の角度はほかの獣と同じである。そのため、自分の後

猿から人類への進化の途上で生まれた「原人」の外見を時代順に描いた絵。インド、ラクナウ動物園の展示より。

性交体位の文化と歴史 ～History of Sex position～

方からでないとペニスを受け入れることができないわけだ。

　つまり正常位でのセックスは、直立二足歩行という進化を選んだ人類が手に入れた、セックスの新しい選択肢なのである。

体位の歴史 キリスト教はなぜ「正常位」を選んだか？

　かつてキリスト教は、性的快楽を悪いことだと規定していた。快楽は人間の正気を失わせ、堕落させるものだと考えていたのだ。

　しかし一方で、キリスト教の教典『旧約聖書』には、「産めよ、増えよ、地に満ちよ」という神の言葉が残っている。キリスト教徒に子供を生ませて地に満ちるためには、セックスを避けることはできない。

　このためキリスト教のカトリック教会は、「快楽におぼれない、純粋に子作りのために行うセックス」を定める必要性にせまられたのだ。

体位の歴史 表の理由……精液を無駄にしないため

　数ある性交体位のなかで正常位が「正しい体位」に選ばれた理由は、正常位がもっとも「精液を無駄にしない体位」……つまり、女性器の中から精液がこぼれ落ちない体位だからである。

　射精は快楽をともなうため、キリスト教徒は無意味な射精を嫌う。カトリック教徒のなかには現代でも、避妊具の使用を嫌悪したり、膣外射精を忌み嫌う人が少なくないほどだ。もし女性が上に乗って騎乗位でセックスをすれば、精液は重力によって下にこぼれてしまう。だから教会は、人類にとっての必要悪である射精を無駄にしないため、正常位を推奨したのだ。

体位の歴史 裏の理由……男性上位の社会を築きたい

　キリスト教社会は「父権社会」といって、男性の家長が自分の妻と子孫を率いて一家をつくる社会である。それまで地球には、家のなかで女性が強い発言力を持ち、ある女性の産んだ男女とその子孫、婿養子によって一家を作る「母権社会」が多かった。

　キリスト教は、男性が優位となる父権社会を広めるために性交の体位も利用した。男性の上に女性が乗る騎乗位などの体位は「秩序を乱す体位である」として否定された。そして男性が女性の上にのしかかり、セックスの主導権を握る正常位を「正しい体位」だとして広めることで、理想的な父権社会を普及させようとしたと思われる。

147

性交体位の文化と歴史 ③

騎乗位
~ Woman on top ~

女が男に"のしかかる"体位

騎乗位は、英語では"Woman on top"と呼ばれる。

男性が仰向けに地面に寝そべり、上方に男性器をさらした状態で、その上に女性がまたがる姿勢で性器を挿入する体位である。

女性が乗馬のように男性に乗ることが名前の由来であり、英語でも同じ由来の"cowgirl position"という別名がある。

体位の歴史　セックスの主導権が女性のものとなる

騎乗位の最大の特徴は、セックスの主導権を女性が握る点にある。

後背位や正常位では、射精に必要な性的刺激を得るために、男性が腰を前後に動かして、男性器を摩擦することになる。しかし騎乗位では、男性が手足の力を自由に使えないため、女性自身が自分の体を前後、上下にピストン運動することで、男性を射精に導くことになるのだ。

また、騎乗位は女性が快楽を得やすい体位でもある。女性は「自分が一番気持ちよくなるように」自分の腰を動かすことができるからだ。

セックスの主導権が男性から女性に移行することを、男性中心社会の知識人たちは大いに恐れた。その傾向はヨーロッパで顕著だった。

147ページで紹介したように、キリスト教のカトリック教会は正常位こそが正しい体位だと定めていた。そして女性が主導権を握る騎乗位は「不要な快楽をもたらす邪悪な体位」だと主張し、不自然な性行動を意味する「ソドミー」のひとつとして忌避させたのだ。

古代ローマの哲学者セネカも、騎乗位を忌避していたひとりだ。彼は、セックスの主導権を女性が握る騎乗位を、「男女の秩序を乱す体位」だと呼んで、同性愛と同じくらい嫌っていたという。

性交体位の文化と歴史 ～History of Sex position～

体位の歴史 ヴェルサイユに花開いた騎乗位セックス

　古代から中世までを通して、キリスト教の司祭たちは正常位を布教し、騎乗位を禁止しようと躍起になっていた。だがセックスは公衆の面前ではなく、見えない場所で行うものである。人々は口では「正常位が正しい」と言ったが、下の口では後背位や騎乗位で男性器をくわえていたのだ。

　時代は進み17世紀、ヨーロッパでは秘めごとであった性が解放され、宮廷夫人たちのセックス事情が文章や絵画で描き残されるようになっていた。16～17世紀フランスの歴史家ブラントームの『好色女傑伝』は、欧州の宮廷で性豪として鳴らした貴婦人たちの逸話が山盛りに紹介されている奇書であるが、この本では、女性が男性に後ろ向きにまたがり、揺れるお尻を見せつける体位の良さを"布教"する場面が書かれている。

　また本書には、世の既婚男性が苦虫を噛み潰したくなるような、騎乗位にまつわるブラックジョークも紹介されている。ある浮気好きの女性は、夫以外とセックスするときにかならず騎乗位を選んでいた。周囲の人が理由をたずねると、「夫に浮気を疑われたときに、神に誓って**"今まで一度として、お腹の上に男を乗せたことはない"**と否定しても、神様に嘘をついたことにならないから」だというのだ。

性愛文学の挿絵を好んで描いたフランス人画家、エドゥアール＝アンリ・アヴリルの作品。1824年ドイツの『西洋古典好色文学入門』に収録されたもの。

体位の歴史 アラブでは肥満介護用体位に

　アラビア半島ではどうだったろうか？　15世紀に書かれた性愛文学『匂える園』では、まずはリスクを警告する記述がある。女性上位の体位でセックスをすると、男性の尿道内に女性の愛液が逆流し、尿道炎を引き起こす危険性があるというのだ。現代の医学で考えれば無視できるリスクだが、アラブ人がセックスを科学的にとらえようとしていた痕跡が見られて興味深い。

　一方、男性が肥満体で女性が小柄な場合は騎乗位を推奨している。大柄な男性がのしかかると女性の負担が大きいから、妥当な指導といえるだろう。腰を動かし性交をリードするのは男性でも女性でもよいそうだ。

　アラブ社会では、倫理的理由で騎乗位を避ける風習は見られないようだ。

性交体位の文化と歴史 ④

座位
~ sitting and kneeling ~

密着度の高い"愛の体位"

座位は、座った男性の腰部の上に女性がまたがる体位である。

男性と女性が向かい合ってつながる「対面座位」は、顔と顔が向きあうため、抱きしめ合ったり口づけしながらのセックスが可能。

女性が男性に背中を向けてつながる「背面座位」は、男性が手で女性の全身を愛撫しやすいという特長がある。

体位の歴史　床を使うアジア式、椅子を使う西洋式

座位は「座り方の文化」によって、性交時の姿勢が大きく異なる。

西洋は椅子に座る文化であるため、座位は椅子やベッドなどの段差がある物品に座った状態で行われる。特に背もたれつきの椅子は、男性が体重を預けられるため大きな動きが可能になる。座位の主導権を握るのは女性で、腰を上下させながら男性の逸物をしごきあげることが推奨されている。

ひるがえってアラブ、インド、中国、日本などでは、椅子ではなく敷物の上に座るのが一般的である。そのため男性があぐらをかいて敷物に座り、その上に女性がまだがるタイプの座位が普及していた。15世紀のトルコを支配したオスマン帝国では、皇帝（スルタン）の妃によって開発された「男根を挿入しながらのけぞり、皇帝の男根を刺激する」体位が話題となり、「スルタンの妃」という名前が付けられたという記録がある。日本の体位「四十八手」のひとつ「千鳥」に近い体位である。

座位を文化的に重視する地域の代表格には、インドがあげられるだろう。インドには性的エネルギー「シャクティ」によって霊的な覚醒を目指すタントラ主義という思想がある。それによればインドの破壊神シヴァ（➡p134）は、対面座位で妻と交わり、男女の合一という理想を実現したという。

性交体位の文化と歴史 ~History of Sex position~

性交体位の文化と歴史 ⑤

側位

~ spoons position ~

踏ん張りのいらない"なまけ者の体位"

　側位は、男女が横向きに寝そべる体位である。英語では"spoons position"すなわち2本のスプーンに例えた名前で呼ばれる。

　これは、男女がおたがいに体をまっすぐ伸ばして寝そべり、おたがいの性器を結合させてぴったり寄り添う姿が、2本のスプーンがたがいの凹凸を重ねるように並んでいる姿に似ているからだ。

体位の歴史　究極の快楽を導くと絶賛される

　数ある体位のなかで側位は、男女の肉体への負担がもっとも少ない体位だとされている。

　正常位も騎乗位も座位も、男女の片方が全身運動を強いられ、もう片方は相手の体重を受け止めることを強いられるのは共通している。側位では、男女の双方が相手の体重どころか自分の体重を支える負担からも解放され、パートナーとの心のつながりと、性的快楽のみに集中できるのだ。「なまけ者の体位」という異名も、大急ぎでオーガズムに上り詰めるほかの体位と違い、長時間のセックス、すなわちスローセックスがしやすいという意味合いで呼ばれたものである。肉体的負担から解放され、精神的満足を得るための体位、それが側位だといえるだろう。

　そのためこの体位は、セックスを真剣に科学する哲学者や研究者たちに、洋の東西を問わず非常に評判がよい。古代ローマでは名詩人オウィディウスの『恋の技法』で、中国では漢方医学書『医心方・房内記』で、アラブでは先述した『匂える園』で、西洋では18世紀末フランス革命期のセックス手引き書『性愛の実用科学』など多くの文献が、側位を、快楽と喜びを得るための特筆すべき体位として紹介している。

性交体位の文化と歴史 ⑥

肛門性交
~ anal sex ~

セックスの可能性を広げた「子供のできない体位」

　肛門性交とは、男性器を、女性器ではなく、肛門に挿入して快楽を得る方法である。正面から入れるか、背面から入れるかで多くの体位があるが、本ページではすべてひとまとめに扱う。

　この体位の大きな特徴はふたつ。繁殖を目的としない性交であること、男性どうしでも実行できることである。

体位の歴史　人類はいつ肛門性交をはじめたか？

　肛門性交は、子孫の繁栄を目的としない、セックスそのものを目的とする行為である。人類は、いつごろから肛門性交をはじめたのだろうか？

　作品社『体位の文化史』の記述によれば、**紀元前1万年ごろの洞窟壁画**に、人間の肛門性交の姿が描かれているという。ではそれ以前は？

　少し考えてみれば、この疑問が愚問であることに気付くだろう。旺盛な好奇心を持ち、性欲豊かな男性が、肛門という穴の存在に気付いたとする。「穴があるから入れてみたい」と思い、実行した男性が皆無だったはずがない。あくまで筆者の意見だが、人類は快楽目的のセックスを覚えた時点で、肛門性交を"発明"していたと見て間違いなかろう。

体位の歴史　子供が産まれないことを「メリット」ととらえる

　子供が産まれないセックスは、デメリットでしかないのか？　避妊具が飛ぶように売れてゆく現代に暮らす人間は、決してYESとはいえないはずだ。

　権力が世襲によって受け継がれていた時代、権力者が美女とのセックスを我慢できずに産ませた子供は、後継者争いの原因となるため歓迎されなかった。例えば古代バビロニアには、身分の低い女性とセックスするときは、肛

性交体位の文化と歴史 ~History of Sex position~

門に挿入すれば子供ができず面倒が少ないと薦めた文献がある。

子供ができないことが女性のメリットになる場合もある。紀元前のギリシャの娼婦たちは、子供を妊娠して仕事ができなくなることを避けるため、アナルセックスで男性を喜ばせる技を磨いたといわれている。

体位の歴史 肛門禁止なキリスト教、個人の自由なイスラム教

世界でもっとも肛門性交を嫌ったのはキリスト教徒である。彼らは『旧約聖書』の、男性同性愛がはびこっていた都市ソドムが神の怒りに触れて滅ぼされた記述を根拠に、肛門性交を「ソドミー」と呼んで忌み嫌った。

一方、キリスト教と同じく『旧約聖書』を教典のひとつに位置づけるイスラム教徒の開祖ムハンマドは、友好部族に夫婦間肛門性交の風習があることを知ると瞑想に入り、「妻はあなた方の耕地なので、好きなように耕地に行きなさい」と結論。肛門性交を個人の自由として公認している。そのためかイスラム国家の権力者には、男色者が多かったとのことである。

体位の歴史 日本の肛門同性愛文化

男性どうしの肛門性交は世界中で行われていたが、もっとも文化として洗練されていたのは日本かもしれない。

日本の肛門性交は、戦国時代に、実利的な目的で行われていた。裏切りを何よりも恐れる武家社会では、忠誠の儀式や利害関係によるつながりだけでは、無防備な背中を預けるだけの信頼関係を築けない。そのため性愛によるつながりが信頼関係の補強材として利用されたのだ。ただし性愛は諸刃の剣で、痴情のもつれから殺害された大名もいる。

また、江戸時代の日本では「陰間茶屋(かげまちゃや)」という美少年専門の娼館が高級風俗

歌舞伎役者と兼任する女装陰間の肛門に挿入する男性の浮世絵。18世紀、鈴木春信の作品。

として人気を集めていた。陰間を買うことは変態趣味どころか社会的ステータスになっており、男性器のカリ首に陰間の大便をつけたまま帰るのが「粋」だったというから驚きだ。

153

性交体位の文化と歴史 ⑦

口淫
~ Fellatio ~

「やわな」男を奮い立たせる秘技

　口淫とは口でおこなう性的サービス全般を指す言葉で、英語で「オーラルセックス」という。

　口で女性器を刺激するクンニリングスもオーラルセックスの一種だが、このページでは、口で男性器を刺激して快感を与える「フェラチオ」に絞って解説する。

体位の歴史　近代法でも規制された「禁じられた性交」

　口淫は文字の発明以前から行われていたと思われるが、文字の記録を調べてみると、すくなくとも3000年～3500年前、エジプトでは女神が口淫を行っていた。死せる豊穣神オシリスの後継者を得るため、妻イシスが夫の死体に口淫して勃起させる場面が、神聖な文書に絵付きで描かれているのだ。

　そのあとも口淫は世界中で行われていた。中国、日本、インドなどのアジア地域では、口淫は豊かな性文化のひとつとして受け継がれたが、キリスト教徒の国々では、口淫が「表向きは」断絶してしまった。キリスト教は、本書で何度も紹介してきた「妊娠につながらない射精を悪とみなす」価値観により、口淫を神に背く罪だと規定して厳しく規制してきたからだ。

　当然、娼婦たちは男を口で喜ばせる技を磨いたし、聖職者たちが見ていないところでは素朴な口淫は行われていたであろう。しかし口淫が「市民権」を得るためには長い時間を待たなければならなかった。

　その影響は21世紀の現在でも続いている。世界有数の厳しい法律で有名なシンガポールでは、2007年まで、口淫は犯罪だったほどだ。だが1998年、アメリカ大統領クリントンのセックス・スキャンダルで口淫の場面が証言されたことで、欧米での口淫のタブー視は和らいできているという。

■ 主要参考資料

『Dictionary of Gods and Goddesses,Devils and Demons Manfred Lurker』 (Routledge)

『アスガルドの秘密 北欧神話冒険紀行』 ヴァルター・ハンゼン／著 小林 俊明、金井 英一／訳 (東海大学出版会)

『いちばんわかりやすい北欧神話』 杉原 梨江子／著 (実業之日本社)

『インド神話』 ヴェロニカ・イオンズ／著 酒井傳六／訳 (青土社)

『ヴィジュアル版世界の神話百科 ギリシア・ローマ ケルト 北欧』 アーサー・コットレル／著 松村 一男、蔵持 不三也、米原 まり子／訳 (原書房)

『エジプト神話シンボル事典』 マンフレート・ルルカー／著 山下主一郎／訳 (大修館書店)

『エジプト神話集成』 杉勇・屋形禎介／訳 (ちくま学芸文庫 (筑摩書房))

『エッダ 古代北欧歌謡集』 ネッケル、他／編 谷口 幸男／訳 (新潮社)

『エッダとサガ 新潮選書 北欧古典への案内』 谷口 幸男／著 (新潮社)

『オウィディウス 変身物語』(上) (下) オウィディウス／著 中村 善也／訳 (岩波文庫)

『オセアニア神話』 ロズリン・ポイニャント／著 豊田由貴夫／訳 (青土社)

『カラー版死者の書 古代エジプトの遺産パピルス』 矢島文夫・文 遠藤紀勝・写真 (社会思想社)

『ギリシア神話 改版』 アポロドーロス／著 (岩波文庫)

『ギリシア神話 新装版』 呉 茂一／著 (新潮社)

『ギリシア神話 新版』 ロバート・グレイヴズ／著 (紀伊国屋書店)

『ギリシア神話物語事典』 バーナード・エヴスリン／著 (原書房)

『ケルトの神話 女神と英雄と妖精と』 井村君江／著 (筑摩書房)

『ケルト神話・伝説事典』 ミランダ・J・グリーン／著 (東京書籍)

『ケルト神話の世界』 ヤン・ブレキリアン／著 (中央公論社)

『シュメル神話の世界 –粘土板に刻まれた最古のロマン–』 岡田 明子、小林 登志子／著 (中央公論新社)

『デンマーク人の事蹟』 サクソ・グラマティクス／著 (東海大学出版会)

『ニュージーランド神話』 アントニー・アルパーズ／著 井上 英明／訳 (青土社)

『はじめての北欧神話』 菱木 晃子／著 (徳間書店)

『ハワイの神話—モオレロ・カヒコ』 新井 朋子／著 (文踊社)

『ヒンドゥー神話の神々』 立川 武蔵／著 (せりか書房)

『ペニスの文化史』 マルク・ボナール、ミシェル・シューマン／著 藤田 真利子／訳 (作品社)

『ペニスの歴史–男の神話の物語–』 デビッド・フリードマン／著 井上 広美／訳 (原書房)

『マハーバーラタ』第1～9巻 山際素男／編訳 (三一書房)

『ローマ人の愛と性』 本村 凌二／著 (講談社)

『原始仏典』 中村 元／著 (筑摩書房)

『現代語古事記』 竹田 恒泰／著 (学研プラス)

『古代エジプトの性』 リーセ・マニケ／著 酒井傳六／訳 (法政大学出版局)

『古代エジプト神々大百科』 リチャード・ウィルキンソン／著 内田杉彦／訳 (東洋書林)

『古代の神と王の小事典 2 エジプトの神々』 ジョージ・ハート／著 近藤二郎／監訳 鈴木八司／訳 (學藝書林)

『新訳ラーマーヤナ』1～7 ヴァールミーキ／著 中村了昭／訳 (平凡社)

『神々のからさわぎ 世界の神話編』 東 ゆみこ／監 (東京書籍)

『神々のとどろき 北欧神話』 ドロシー・ハスフォード／作 山室 静／訳 (岩波書店)

『図解北欧神話』 池上 良太／著 (新紀元社)

『図説ケルト神話伝説物語』 マイケル・ケリガン／著 (原書房)

『図説北欧神話の世界』 W．ラーニッシュ／著 吉田 孝夫／訳 (八坂書房)

『世界女神大事典』 松村 一男／編 (原書房)

『世界神話事典』 大林 太良、他／編 (角川書店)

『性と懲罰の歴史』 エリック・バーコウィッツ／著 林啓恵、吉嶺英美／訳 (原書房)

『性欲の文化史1』 井上章一／編 (講談社)

『性欲の文化史2』 井上章一／編 (講談社)

『西洋神名事典』 山北 篤／監 (新紀元社)

『創作者のためのファンタジー世界事典 ゲームクリエイターが知っておきたい神話・幻想・魔術・異世界のすべて』 幻想世界探究倶楽部／編 (学研プラス)

『体位の文化史』 アンナ・アルテール、ベリーヌ・シェルシェーヴ／著 藤田 真理子、山本 規雄／訳 (作品社)

『筑摩世界文学大系 10 中世文学集』 相良守峯、厨川文雄、佐藤輝夫／訳者代表 (筑摩書房)

『中国の閨房術』 土屋 英明／著 (学習研究社)

『天国と地獄の事典』 ミリアム・ヴァン・スコット／著 奥山 倫明／監修 金井 美子、他／訳 (原書房)

『東洋神名事典』 山北 篤／監 (新紀元社)

『東洋歴史大辞典 中巻』 下中彌三郎／編 (臨川書店)

『南島の神話』 後藤 明／著 (中央公論新社)

『仏教と性 エロスへの畏怖と差別』 源 淳子／著 (三一書房)

『物語北欧神話 下』 ニール・ゲイマン／著 金原 瑞人、野沢 佳織／訳 (原書房)

『物語北欧神話 上』 ニール・ゲイマン／著 金原 瑞人、野沢 佳織／訳 (原書房)

『北欧神話 ゲルマン神話』 ドナルド．A．マッケンジー／著 竹村 恵都子／訳 (大修館書店)

『北欧の神話 世界の神話 8 神々と巨人のたたかい』 山室 静／著 (筑摩書房)

『北欧神話』 菅原 邦城／著 (東京書籍)

『北欧神話』 H．R．エリス・デイヴィッドソン／著 米原 まり子／訳 (青土社)

『北欧神話と伝説』 V．グレンベック／著 山室 静／訳 (講談社)

『北欧神話の世界 神々の死と復活』 アクセル・オルリック／著 尾崎 和彦／訳 (青土社)

『北欧神話物語』 K．クロスリイホランド／著 山室 静、米原 まり子／訳 (青土社)

『妖精学大全』 井村 君江／著 (東京書籍)

『歴史におけるエロス』 G．R．テイラー／著 岸田 秀／訳 (新書館)

■北欧神話

強姦魔の神
オーディン 78
異常性癖の神
ロキ 114

■スラブ神話

異常性癖の神
フレイ 120

■ケルト神話

多情な神
ダグザ 26
ミディール 30
クー・フーリン 34

■エジプト神話

多情な神
ゲブ 38
異常性癖の神
セト 128

■メソポタミア神話

強姦魔の神
エンリル 82
異常性癖の神
エンキ 124

■ギリシャ神話

多情な神
アレス 8
アポロン 12
オリオン 18
プリアポス 22
強姦魔の神
ゼウス 60

ポセイドン 66
パン 70
テセウス 74
異常性癖の神
イクシオン 100
ピュグマリオン 104
ナルキッソス 108

ドスケベな神々の世界地図

本書で紹介するドスケベな神々を、神話・宗教の伝承地
ごとに分類して紹介します。

■日本神話

多情な神
  オオクニヌシ ……………… 50
強姦魔の神
  オオモノヌシ ……………… 86
  スサノオ …………………… 90

■中国神話

多情な神
  東方朔 ……………………… 54

■インド神話

多情な神
  インドラ …………………… 42
  チャンドラ ………………… 46
異常性癖の神
  シヴァ …………………… 134

■マオリ神話

強姦魔の神
  マウイ ……………………… 94
異常性癖の神
  ランギ …………………… 140

イラストレーター紹介

この本で神々のイラストを担当してくれた、イラストレーター陣を紹介します。

●表紙イラスト

獅子猿
獅子猿画丼
http://www.shishizaruillustration.com

●ドスケベな神イラスト

藤科遥市

アポロン	ゲブ	東方朔
オリオン	インドラ	イクシオン
ダグザ	チャンドラ	ナルキッソス
ミディール	オオクニヌシ	セト

画龍点睛
https://galileo10say.jimdofree.com/

本当はドスケベな世界の神々 staff

著者	TEAS事務所	協力	當山寛人
テキスト	岩田和義（TEAS事務所）	本文デザイン	神田美智子
	岩下宜史（TEAS事務所）	カバーデザイン	筑城理江子
	朱鷺田祐介		
	たけしな竜美		
	内田保孝	【ホームページ& twitter】	
	鷹海和秀	http://www.studio-teas.co.jp/	
		https://twitter.com/studioTEAS	

イラストレーター紹介

●ドスケベな神イラスト

七片藍 (ななひらあい)

アレス	ピュグマリオン
テセウス	フレイ
オオモノヌシ	エンキ
スサノオ	ランギ

ether

http://nanahira.com/

●ドスケベな神イラスト

雪代ゆゆ (ゆきしろゆゆ)

クー・フーリン	ロキ
ゼウス	シヴァ
バン	
エンリル	

YukishiroWorks

https://bkingdom.web.fc2.com

●ドスケベな神イラスト

まっつん!

- ブリアポス
- ポセイドン
- オーディン
- マウイ

HIBIKINO-AO

http://www.2s.biglobe.ne.jp/~m-matsu/ao/

本当はドスケベな世界の神々

2019 年 10 月 1 日 初版発行

著者　　TEAS 事務所
発行人　松下大介
発行所　株式会社 ホビージャパン
〒 151-0053　東京都渋谷区代々木 2-15-8
電話　　03（5304）7602（編集）
　　　　03（5304）9112（営業）

印刷所　株式会社廣済堂

乱丁・落丁（本のページの順序の間違いや抜け落ち）は購入された店舗
名を明記して当社パブリッシングサービス課までお送りください。
送料は当社負担でお取り替えいたします。
但し、古書店で購入したものについてはお取り替えできません。

禁無断転載・複製

© TEAS Jimusho 2019
Printed in Japan
ISBN978-4-7986-2033-6 C0076